EL ARTE DE PERMANECER JOVEN

MARÍA JOSÉ BOSCH

www.elartedepermanecerjoven.guiaburros.es

EDITATUM

Diseño de cubierta: © Looking4
Maquetación de interior: © Editatum

Primera edición: Octubre 2019

ISBN: 978-84-17681-09-8
Depósito legal: M-6787-2019

Impreso en España/ Printed in Spain

guíaburros

Quiero manifestar mi agradecimiento a todos los magníficos profesionales que han colaborado en este libro con sus orientaciones, sugerencias y conocimientos. Tengo la enorme fortuna de contar con la amistad de todos ellos, en la mayoría de los casos, desde hace muchos años como mi querida Maite Gómez Sartre, Dori Sánchez, Augusto Morillo, Pilar Franco de Sarabia, Emma Barthe, Javier Gallego, Macarena Cutillas, María Garrigues Walker, Susana Castañeda, Juan Carlos de la Osa, Antonio Martín, Raúl Padilla, Manuel Jiménez Ucero, Javier del Corral, Chelo Candenas, entre los muchos especialistas con los que he contado en este libro.

Sobre la autora

María José Bosch es una comunicadora con más de veinte años de experiencia como directora y presentadora de programas en los medios de comunicación más importantes del país como Onda Cero, Cadena Cope o Grupo Intereconomía.

Ha recibido dos Antenas de Plata otorgadas por la Federación de Profesionales de Radio y Televisión, por *La Luna* en COPE (COPE 2006) y *El Color de la tarde* (Radio ÍNTER 2010) por su trayectoria en la radio y dos premios de TV otorgados pr el Foro del Espectador por sus incursiones en este medio.

Es autora de seis libros: *La danza de las emociones. Yo soy single, ¿y qué? Calla Canalla. Manual Antiaging. Guiaburros de la Marca Personal* y *Guiaburros Comunicar con éxito.*

En el ámbito editorial ha dirigido la revista CVB , una publicación de alta gama centrada en moda, gastronomía, cultura, turismo y ocio de España.

Como docente ha impartido clases de comunicación en distintos másteres de periodismo, entre otros en la Escuela Superior de Imagen y Sonido (CES).

Ha dirigido durante los últimos tres años la productora de contenidos audiovisuales EGOON y recientemente ha puesto en marcha "Bosch Audiovisual Producciones con alma".

Índice

"Proyecta ahora tu futuro porque es el lugar donde pasarás el resto de tu vida".

— Mark Twain

Introducción

Durante milenios, el sueño de hechiceros, magos y alqui-
mistas, especialmente estos últimos, ha sido encontrar el
elixir de la eterna juventud; desde Roma a nuestros días,
griegos, persas y egipcios han perseguido este tesoro. An-
tiguas leyendas hablan de un río secreto, una fuente se-
creta, un árbol secreto que salvaría a sus descubridores
del envejecimiento y la muerte. Fábulas llegadas de todos
los rincones de la Tierra hablan de pócimas, con poderes para rejuvenecer. En pleno siglo XXI, la búsqueda del
preciado elixir sigue constituyendo el mayor de los teso-
ros por descubrir.

El miedo al paso del tiempo o el sentimiento de vergüenza
que, en algunos, casos experimentan las mujeres ante un
nuevo cumpleaños, ha propiciado que el concepto *Antiaging* se haya convertido en uno de los iconos de este siglo.
Mujeres de todo el mundo se han apuntado a esta moda
médica, que posee una irrefutable base científica. No es
una casualidad que libros como *La revolución antiedad* de
Nicholas Perricone, uno de los gurús de esta técnica, al-
canzara el primer lugar de la lista de *best seller* de *The New
York Times*, como si se tratara de una novela de Ken Follet
o de Stephen King.

Este libro tampoco descubre el elixir de la eterna juventud, era previsible Sin embargo, sí, una seria de estrategias,
muchas de ellas inesperadas, que contribuyen de manera
eficaz a dar marcha atrás al reloj biológico.

"La gente tiende a complicar las cosas. Deberían adoptar la filosofía de simplificarlo todo. Si dejas de lado las dudas, sigues adelante y perdonas, solucionas tus problemas. Abre el corazón. Duerme cuando es el momento de dormir, como cuando debes comer, haz ejercicio cuando lo necesites, sé puntual en tu trabajo, mantén tu palabra, sé fiel a tus principios y tendrás una vida saludable y un aspecto más joven", explica Sharon Stone al diario Daily Mail, con motivo del eslogan utilizado por la marca cosmética que ha representado durante años: "Más bella que a los veinte". Porque, la jovialidad que se lleva el tiempo jamás podrá competir con los encantos de una mujer segura, culta, educada, realizada, feliz.

Cierto es que no podemos detener la edad cronológica, porque el reloj no se detiene; los sabemos. Sin embargo, en nuestras manos está prevenir, revertir e incluso detener, durante algún tiempo, el proceso de envejecimiento.

Ni cremas, ni tratamientos, ni cirugía

Cuando se enfoca el antienvejecimiento exclusivamente hacia el cuerpo —ejercicio, dieta, vitaminas, antioxidantes, pérdida de peso, cosmética, medicina estética, cirugía plástica, estilismo...—, se está olvidando el enfoque mental y espiritual.

Invisible a los ojos, pero determinante en el aspecto ajado o lozano que ofrecemos a cualquier edad. Y es que, estar estupenda, no debe ser solo una exigencia del cuerpo, sino también de la mente y del alma.

En contra de lo que creen la mayoría de las mujeres, el bienestar, la salud y el rejuvenecimiento, no son aspectos que requieran, necesariamente, una gran inversión económica sino, sencillamente, disponer de la información adecuada, marcarse objetivos y lo más importante, mantenerlos. En un periodo de pocos meses, si eres consciente, constante y comprometida con tu propio proceso, puedes lograr que tu cuerpo rejuvenezca incluso una década. Eso es lo que ofrecen estas páginas: un modo eficaz, enriquecedor y económico para quitarte años de encima.

Las propuestas son accesibles para todas las mujeres y compatibles con cualquier tipo de economía o forma de vida. Solo exige voluntad de cambio, revisión de conceptos y, probablemente, la introducción de novedades en tus rutinas.

En este sentido, los neurólogos y especialistas en el funcionamiento del cerebro afirman que necesitamos veintiún días para crear un hábito, ya que ese es el tiempo que necesitan las neuronas para hacer nuevas conexiones —sinapsis— y dar paso a nuevos patrones de conducta.

Por tanto, si somos capaces de mantenernos ese tiempo modificando hábitos tóxicos —mentales, físicos y espirituales—, habremos dado un paso vital para frenar el proceso de envejecimiento, incluso revertirlo.

"Con la edad viene la confianza. Me encanta tener esta edad. Confío en mí misma y estoy cómoda con quién soy".

—Mary Lou Cook

Si quieres la mejor terapia *antiaging*, utiliza tu sabiduría, pon en marcha las modestas sugerencias de estas páginas y no olvides las sabias palabras Jeanne Moureau, uno de los símbolos femeninos de la Europa de los sesenta y una de las grandes actrices de su era: "parecerás más joven si no te preocupas de ello".

El *boom* de las biojóvenes

Las mujeres maduras están de moda. Este gremio de féminas, otrora invisibles, ha sido declarado oficialmente *sexy*.

Obsérvalo, mira a tu alrededor echa un vistazo a las portadas de las revistas más *fashion*, detente a analizar las nuevas campañas de publicidad. Observa, y te sorprenderás. Hoy se celebra la belleza y la poderosa sensualidad de las mujeres maduras. Fabulosas a los cincuenta, abundan. Las de cuarenta, lucen una suerte de adolescencia tardía; las divas que rebasan los sesenta están de vuelta Será por ello que, en Hollywood, se dice que los cuarenta son los nuevos veinte. Los grandes diseñadores saben que hay vida más allá de los treinta, y lo consideran su mejor vehículo de promoción.

Saber estar, elegancia, serenidad, sofisticación, y esos destellos de sabiduría que solo es capaz de proporcionar el paso del tiempo, son valores que hacen poderosas, enormemente seductoras a las mujeres que superan la barrera de los cuarenta. Los expertos en *marketing* se han dado cuenta de que la experiencia vende y, en la actualidad, los "años", representan un valor en alza.

Prestigiosas firmas de belleza lo saben, y están eligiendo a mujeres que han sobrepasado los cincuenta para sus campañas de publicidad donde, la personalidad y el estilo, pesan más que un rostro sin líneas de expresión. Versace, Christian Dior, Louis Vuitton, Jean Paul Gaultier, Stella McCartney son prueba de ello.

Pero, probablemente, la campaña que marcó un precedente en este cambio de tendencia publicitaria fue la protagonizada por Jane Fonda, actriz y gurú del *fitness* en los años ochenta, quien firmó como embajadora de la línea *Age-Perfect* de L´Oréal Paris en 2006, cuando lucía unos fabulosos 68 años.

Ha pasado casi una década y la firma no ha variado ni un ápice de su estrategia, sigue considerando la belleza de la edad como un plus para su promoción. En la actualidad, vuelve decidida a rendir homenaje a la madurez de la mano de otra veterana: la actriz británica Helen Mirren. La intérprete protagoniza la última campaña que *McCann London* ha producido para la firma francesa, con la que hace un guiño al encanto de la edad. La británica, de 70 años, poseedora de los premios más importantes del cine, entre ellos un Oscar por su papel como reina de Inglaterra en *The Queen*, representa todo un estilo de vida de rabiosa actualidad, ese en el que la edad no es más que un número.

Con su pelo blanco, vestida de negro y con sus enormes gafas de sol, la escritora estadounidense Joan Didion es, a los 80 años, la nueva imagen de la marca de lujo Celine.

Atrás quedan los años en los que las grandes firmas anulaban los contratos que tenían con destacadas modelos solo porque habían llegado a la treintena. Era el fin de las bellezas, más allá de los treinta La publicidad, las marcas, las portadas de las revistas, las rechazaban en pro de nuevos fichajes adolescentes.

Sandra Howard, escritora de 74 años de edad que fue modelo en los 1960 y 1970, observa que ha habido cambios. "Cuando yo era modelo, ¡eras vieja a los 30!". Si hace apenas un par de décadas, a Isabella Rossellini la dejaron en paro porque había rebasado la barrera de los cuarenta —concretamente, en cuatro años— y se la consideró demasiado mayor para ser la imagen de una conocida marca de cosmética, perplejos —imagino— se habrán quedado esos mismos directivos al ver cómo, modelos y actrices que reinaron en las pasarelas y las pantallas de hace más de cuatro décadas, regresan ahora a la escena en diversas campañas publicitarias y portafolios editoriales. Como cuando Michelle Pfeiffer volvió a encaramarse a los primeros puestos —por séptima vez— de las listas de las más bellas, según la revista *People*.

Charlotte Rampling, la actriz que se acerca de las siete décadas de existencia, es la nueva imagen del maquillaje de *Nars*. Todo ello sin olvidar que Kim Basinger firmó, a los 60 años, un contrato con la agencia de modelos *IMG Models*, la misma con la que trabaja su hija Ireland, que solo cuenta con 19 primaveras.

Chica Bond de +50

A pesar de saberse todo un bellezón, la elección de la nueva chica Bond, sorprendió a la mismísima diva italiana. Cuando recibió la llamada del director Sam Mendes para proponerle un papel en la nueva entrega cinematográfica de la saga de 007: *Spectre,* objetó que sus 50 años no cuadraban en el papel. "No soy una niña, soy una mujer madura", le replicó Monica Bellucci. Pero el director estaba muy seguro de su propuesta: "Por primera vez en la historia, James Bond va a tener una relación con una mujer madura. El concepto es revolucionario". Y el argumento de Mendes, indiscutible.

Algo parecido —salvando la década— fue lo que le ocurrió a Jessica Lange, cuando fue elegida, a sus flamantes 64 años, como la nueva imagen de *Marc Jacobs Beauty,* la línea de cosméticos de la marca estadounidense: "No se trata de una edad específica, sino del tipo de mujer que me inspira por diferentes razones y en distintos niveles", explicó Jacobs, a la revista *Vogue.* El mismísimo John Galiano escogió para su desfile de la primavera del 2006, a la modelo Francoise de Staël, de 74 años, porque quería reflejar una imagen real y, no por ello, falta de atractivo. A punto de cumplir el medio siglo, la mexicana de curvas pronunciadas, también ha ganado con el paso de los años. Hoy, Salma Hayek, se ha convertido no solo en una mujer rica, sino en una de las latinas más influyentes.

◉ ¡OJO!

Según las OMS, solo el 20% de los signos de degeneración se debe al paso del tiempo; el 80% restante, está ligado a nuestro estilo de vida.

> "*Los primeros cuarenta años de vida nos dan el texto; los treinta siguientes, el comentario*".
>
> —Arthur Schopenhauer

Más bella que a los veinte

Rebasados los 50 años, Sharon Stone fue la apuesta de Dior como imagen de su línea *Capture*: "Más bella que a los veinte años", rezaba el eslogan de la campaña. La actriz, roza la sesentena, pero su silueta es envidiable; atemporal. Conserva la postura erguida, la mirada desafiante y parte la fibrosidad tonificada, que lucía a los treinta. "El secreto para envejecer bien es divertirse —asegura—. Rodearse de buenos amigos y deshacerse de la gente negativa y de los malos hábitos". Al parecer, se machaca en el gimnasio. "Me encanta hacer deporte. Nado mucho, cojo pesas, juego en la playa, monto a caballo, en moto, en bici; hago montañismo, trepo, corro detrás de mis hijos (tiene tres adoptados); juego al baloncesto y al béisbol; practico pilates y yoga y bailo hasta desfallecer. Tal vez por eso no tenga un culo enorme", bromea la protagonista de *Instinto Básico*. No pierde el sentido del humor. Eso, a pesar de un accidente grave en 2001 que la dejó, durante una larga temporada, tartamuda y cojeando. "Sufrí un derrame cerebral masivo. He tardado varios años en recuperarme por completo", concluye. Figura en la lista de las celebridades más inteligentes de EE UU, en tanto que su cociente intelectual de esta amante de Octavio Paz, es de ciento cincuenta y cuatro.

— Sra. Stone, ¿es usted tan lista como aseguran?

— No soy mucho más de lo que dicen

— Y eso, ¿es una ventaja o le hace caer en esa clase de infelicidad sofisticada que se deriva de saber demasiado?

— Tengo una vida fantástica. Soy una persona muy afortunada, porque soy lo suficientemente inteligente como para ser feliz.

"Cuando desaparece lo falso, aparece lo verdadero con toda su novedad, toda su belleza, porque la sinceridad es belleza, la honestidad es belleza, la autenticidad es belleza".

—Osho

Quiero ponerme en forma, parecer más joven y sentirme mejor, ¿por dónde empiezo?

"Hay un tiempo para preparar el terreno, otro para sembrar y otro para cosechar, no alteres esos momentos si quieres lograr tus objetivos".

—Anónimo

Define tu objetivo

La mente necesita mensajes claro para actuar con eficiencia. Por tanto, primero y fundamental: Define tu objetivo. Para Antonio Martín, uno de los psicólogos más motivadores y práctico que conozco y director de la Clínica Belagua: "Definir metas hace que dirijamos nuestras acciones y esfuerzos hacia lo que queremos conseguir, ayudan a que nuestro cerebro desarrolle estrategias para alcanzarlas, y nos empujan a ser constantes y persistentes".

"De nada servirá tener las estrategias, los conocimientos y las habilidades si no tienes claro hacia dónde te diriges —reflexiona el psicólogo—. Establecer un objetivo, naturalmente, no te garantiza su consecución, pero aumentara considerablemente las probabilidades de alcanzarlo", concluye el experto.

Un objetivo claro te ayuda a:

- Mantenerte centrado.
- El establecimiento de prioridades.
- Facilita la gestión del tiempo.
- Evita la dispersión y la pérdida de recursos.

Objetivo: SMART

El acrónimo SMART representa una sencilla forma de recordar las características que debe cumplir un buen objetivo.

- *Specifics* - Específico
- *Measurable* - Medible
- *Achievable* - Realizable
- *Realistic* - Realista
- *Time-Bound* - Limitado en el tiempo

Negro sobre blanco

Escribe tu objetivo. No es un propósito romántico, sino algo científico: en la Universidad de Yale llevaron a cabo un estudio donde pidieron a los estudiantes, en 1953, que escribieran sus deseos de éxito, concluida la carrea. Tan solo lo escribieron el 3% de los jóvenes. Veinte años más tarde volvieron a reunir aquella "promoción del 53". Sorpresivamente, se constató que únicamente el 3% de aquellos antiguos estudiantes habían conseguido sus metas, y gozaban de mayor éxito económico y personal

Y resultaron ser, exactamente, aquellos que habían señalado sus metas en papel.

> *"No esperes hasta que las condiciones sean perfectas para comenzar, el empezar hace las condiciones perfectas".*
>
> —Alan Cohen

Cuando el hábito, se convierte en costumbre

Nuestra vida no es más que un conjunto de hábitos: Cómo y Cuándo dormimos, cómo trabajamos, lo que comemos incluso la forma en la que hacemos el amor constituye una costumbre. Un estudio publicado por la Universidad Duke, en 2006, relevaba que más del 40% de las acciones que realizan las personas cada día, son hábitos. Tengo que adelgazar, tengo que hacer ejercicio, tengo que comer mejor, debo dejar de fumar ¿Cuántas de nosotras no nos repetimos estas frases como mantras, y luego las incumplimos? Para la nutricionista Tania Sanz, autora del blog sobre cómo conseguir buenos rutinas de vida, *www.habitualmente.com*: "Los hábitos son la base del cambio, si estos no mejoran, los resultados no serán permanentes". Prohibirte alimentos, seguramente te hará abandonar la dieta y, ponerte metas demasiado altas con el ejercicio, te agotará hasta hacerte abandonar. ¿Te suena? La clave, como dice esta experta, está en ir poco a poco. Su lema: "Cambia tu mente, cambia tus hábitos, cambia tu cuerpo". No te saltes este orden

Y, ¿cuánto se tarda en asimilar un nuevo hábito? 21 días, exactamente. Una respuesta que conocemos desde principios del siglo XX, gracias a William James (1842—1910), uno de los padres de la psicología moderna. Su artículo, *Habit* (Hábito), que incluiría posteriormente como capítulo IV de su obra *Principios de Psicología*, es una de las obras de referencia de esta ciencia.

> **ℹ️ DATO.** 21 días como camino de cambio. Son necesarias tres semanas para que un nuevo hábito pase a formar parte de nuestra vida cotidiana.

Maxwell Maltz, un reconocido cirujano plástico de la década de los cincuenta, ya analizó esta integración de nuevos patrones al observar que, tras una operación plástica, por ejemplo, de nariz, la media que tardaban los pacientes en acostumbrarse a su nuevo aspecto era de 21 días. Observó también que el síndrome del Miembro Fantasma, en los amputados, seguía el mismo patrón de los 21 días.

Según Maltz, las personas sentimos y actuamos en función de la imagen que nos formamos de la realidad, no se la realidad en sí; de modo que acostumbrarnos a una nueva imagen de la realidad requiere un periodo de tiempo de adaptación mínimo de 21 días.

Y esto mismo se cumple con los hábitos y costumbres, es necesario un periodo de afianzamiento de la nueva conducta.

Roy Baumeister, psicólogo de la Universidad de Florida, y coautor de *Fuerza de voluntad. Redescubrir la mayor fuerza del ser humano*, escribe los ingredientes necesarios para alcanzar el éxito en el cambio de un mal hábito:

* Establecer la motivación para hacer el cambio
* Fijar una meta clara; estudiar el comportamiento que nos llevará a la meta
* Ejercer la fuerza de voluntad

"Es más sencillo cambiar, que eliminar. Psicológicamente, no es lo mismo ponerse a dieta que modificar sus hábitos alimenticios. La segunda opción suena menos restrictiva. Así que, en lugar de pensar todo lo que tiene que abandonar, piense solo en qué va a hacer para sustituir y rellenar ese espacio", resume Baumeister.

> *"Lo que importa verdaderamente en la vida no son los objetivos que nos marcamos, sino los caminos que seguimos para lograrlo".*
>
> —Percy Bysshe Shelley

Diseña estrategias

La palabra "estrategia" proviene de la palabra griega: "dirección; don de mando". Representan la manera de describir el cómo se van a hacer las cosas. Cómo vas a conseguir tu objetivo. Desarrollar estrategias es un modo de enfocar tus esfuerzos y comprender la forma de lograrlos. Una buena estrategia, tomará en cuenta las barreras y recursos que existen (contactos, dinero, poder, materiales, etc.) También considerará la visión general: misión y objetivos de la iniciativa. A menudo, una decisión, utilizará muchas estrategias distintas —proporcionando información, incrementando el apoyo, removiendo barreras, previendo recursos, etc.— para conseguir sus metas.

Consultados expertos en motivación, resumen un esquema simple para que puedas ponerte en marcha con algo concreto, y logres aquello que te propones:

¿Qué es lo que quieres lograr?

Lo primero que debes saber es, exactamente, qué anhelas alcanzar.

¿Cuál es el sentido o propósito, de lo que quieres lograr?

Piensa en cómo te sentirás cuando consigas el objetivo. Visualiza cuál es el impacto que tendrá en tu vida, ese fin deseado, una vez que se concrete.

¿Qué pasos tienes que seguir para cumplir tu objetivo?

El siguiente peldaño es hacer un plan de acción. Esto no es, ni más ni menos, que una secuencia de pasos hasta llegar al estado anhelado. La pregunta que deberías hacerte es: ¿En qué tiempo quieres lograr este objetivo?

¿Qué opciones tienes?

Conocer los distintos caminos con los cuales llegarías a cumplir tu meta es una información muy valiosa. ¿De cuántas formas distintas puedes alcanzar tu objetivo?

¿Con qué cuentas para cumplir tu meta?

Además de los famosos recursos humanos y materiales, ¿qué más puede ayudarte a cumplir tus metas?

"Los obstáculos son esas cosas espantosas que ves cuando apartas los ojos de tu meta".

—Henry Ford

El músculo de la voluntad

Capacidad para arriesgarse y voluntad para perseverar en el objetivo, parecen ser dos ingredientes fundamentales para alcanzar el éxito. Juan Carlos de la Osa, psicólogo y coach, define la voluntad, como una mezcla de necesidad, tesón y activación. Enrique Rojas, catedrático en psiquiatría, en su libro La conquista de la voluntad, la concreta como la piedra angular del éxito en la vida, y uno de los más excelentes rasgos de la personalidad: porque hace al hombre valioso y le permite lograr sus objetivos. Y advierte: "La voluntad necesita ser educada; no se alcanza porque sí, sino tras luchar por cosas pequeñas una y otra vez". Según el mencionado Baumeister: "La fuerza de voluntad es la capacidad de resistir las tentaciones a corto plazo para cumplir con las metas en el largo". Es la panacea para casi todo.

"Hay una fuerza motriz más poderosa que el vapor, la electricidad y la energía atómica: la voluntad".

—Albert Eistein

Todo comienza por el deseo, pero, para pasar a buen término es necesario que este se transforme en algo que se quiere:

- Desear y querer, dos pretensiones, una que navega pilotada por los sentimientos, mientras que la segunda es guiada por la voluntad.

Las personas de voluntad fuerte suelen tener motivaciones potentes, buena capacidad de raciocinio, poder de decisión y firmeza en la acción. No se retraen ante las adversidades y son constantes en su intención, hasta lograr lo que buscan. Son el ejemplo de que no existen limitaciones al trabajo ni a los proyectos, la prueba tangible de que la voluntad recia y constante posee la mágica capacidad de guiarnos a un mundo donde los sueños se hacen realidad.

- Motivación: término mágico, y de uso frecuente en los últimos tiempos. Sin motivación, la fuerza desaparece. Juan Carlos de la Osa, la resume de manera muy gráfica:" Motiva-acción" No es preciso añadir nada más.

Disciplina

La fuerza de voluntad y la disciplina, son términos diferentes, pero van de la mano para alcanzar el objetivo en común: lograr nuestras metas. La disciplina es lo que separa a los líderes de los seguidores. Si realmente quieres hacer cambios, debes poder cumplir con tus deberes, incluso, si en ocasiones no quieres hacerlo, porque solo así mantendrás una calidad excelente y un rendimiento óptimo. Ser consistente, está ligado a ser paciente, es decir: no importan, ni la situación ni los obstáculos que se representen, porque continuarás entregando tus mejores resultados, para lograr tus objetivos finales.

Proponte, por ejemplo, practicar una actividad que te guste una vez por día. Si te gusta caminar, intenta la meta de dar unas vueltas a la manzana, una vez por día Y procura cumplirlo, a rajatabla. Cuando hayas incorporado este hábito, debes aumentar el objetivo, por ejemplo, solucionar un crucigrama. No importa la actividad, sino el hecho de que te asignes hacer algo concreto, y lo más importante, que lo cumplas.

Primero, debes proponerte año y luego escribir los pasos que debes dar, en orden, y de forma adecuada. Analiza tu agenda cada mañana (este también será un buen ejercicio de disciplina), y verifica qué actividades debes cumplir en el día, para llegar a la meta. Así, el hábito se convertirá en algo natural, mecánico, y estarás fomentando tu disciplina cada día más.

> *"Disciplina es el puente entre las metas y los logros".*
>
> —Jim Rohn

> *"Tú eres lo que es el profundo deseo que te impulsa. Tal como es tu deseo es tu voluntad. Tal como es tu voluntad son tus actos. Tal como son tus actos es tu destino".*
>
> —Brihadaranyaka Upanishad IV.4.5.

⬇ INFORMACIÓN ADICIONAL

Por la compra de este libro, descárgate de forma gratuita: *Magnet Toques y retoques*, donde María José Bosch te da más consejos y trucos de belleza que ayuden a permanecer joven, ademas de facilitar sus direcciones favoritas.

http://elartedepermanecerjoven.guiaburros.com/contenidoadicional

Cuerpo

¡Desintoxícate!
Y rejuvenece en pocos días

> *"El cuerpo humano no es más que apariencia, y esconde nuestra realidad"*.
>
> —Victor Hugo

¿Quieres sacudirte de encima unos cuantos años? ¿Te sientes cansada, fatigada, sin fuerza? ¿Tienes sobrepeso? ¿Estás depresiva o irritable? ¿Observas tu piel marchita, sin brillo, envejecida?

En ese caso, prepárate para una buena operación *détox*. Cada vez cobra más fuerza la desintoxicación como método rápido, efectivo y barato para mejorar la salud y rejuvenecer el organismo. Eliminar toxinas y residuos te hará sentir mejor que nunca. Te recomendaría que no esperaras a una fecha concreta para comenzar, en tanto que cualquier día puede ser un momento ideal para darle a tu cuerpo un verdadero descanso y reparar órganos importantes como el hígado, los pulmones, los riñones todos ellos indispensables para que luzcas una piel joven, con energía y atractiva.

El concepto *détox* proviene de la abreviatura del verbo en inglés *detoxicate* (desintoxicar) y, aunque inicialmente fue acuñado para describir el proceso al que se sometían los adictos a las drogas o el alcohol, rápidamente se ha ido convirtiendo en una terapia obligada de muchas celebridades para recuperar su equilibrio físico, bajar de peso y verse mejor.

10 claves *détox*

Gestos con los que conseguirás *detoxificar* tu organismo de manera segura, barata y efectiva. Solo es cuestión de disciplina y perseverancia:

1. Come productos orgánicos

Si es posible, márcate como objetivo comprar solo frutas y verduras cultivadas orgánicamente, así como carnes y lácteos de origen orgánico. Un poco más caros, sí, pero libres de pesticidas y fertilizantes sintéticos, y en su producción se utiliza solo una mínima cantidad de hormonas de crecimiento y antibióticos. Si no es posible, pon especial esmero en la frescura y condiciones de los alimentos que compres.

2. Bebe agua en abundancia

El agua elimina toxinas e impurezas de tu cuerpo con la ayuda de ambos riñones y los intestinos, para que funciones normalmente, y eliminar así los desechos. Es, además, responsable de una tarea importante: mantener la piel con una apariencia joven y saludable, evitar la formación de arrugas y limpiar el cutis. Toma, al menos, ocho vasos de agua al día que equivalen a dos litros, aproximadamente. También puedes comer frutas y verduras con un alto contenido de agua, como la sandía, las fresas, los pepinos y los tomates.

3. Come más fibra

La fibra es el nutriente principal que ayuda a mantener una función digestiva adecuada; es un limpiador natural, fantástico. Comer más fibra ayuda al cuerpo a deshacerse de las toxinas, conservantes, y otros desperdicios peligrosos que se han acumulado en el tracto digestivo con el tiempo. Al estimular con frecuencia los movimientos intestinales te proporciona una sensación de ligereza y bienestar, en lugar de sentirte hinchada y lenta.

4. Evita las bebidas alcohólicas y la cafeína

La cafeína y el alcohol son dos sustancias que se deben evitar a toda costa durante el proceso de limpieza. Las toxinas contenidas en el café y en el alcohol, pueden deteriorar el funcionamiento del hígado y los riñones, y esto puede impedir que tu cuerpo sea capaz de purificarse naturalmente. Si necesitas una dosis de cafeína en la mañana, toma té verde, es una elección mucho mejor ya que proporciona una pequeña cantidad de cafeína y, además antioxidantes que son saludables. De alcohol: nada.

5. Reduce el consumo de carbohidratos simples

Estos contienen muy pocas vitaminas esenciales y minerales. Se absorben rápidamente, y esta absorción provoca la formación de insulina por nuestro páncreas. Esta hormona es la responsable de que tengamos hambre y, además, evita el consumo de otras sustancias, favoreciendo así el depósito de grasa. Entre ellos se encuentra el azúcar, la miel, las mermeladas y las golosinas. También están la leche, frutas y hortalizas.

6. Deja de fumar

Otra excelente medida para mantenernos jóvenes. El tabaco disminuye la circulación sanguínea en los tejidos, por lo que resta elasticidad y luminosidad a la piel, debilita el pelo y las uñas y pone los dientes amarillentos.

Un informe de la Sociedad Española de Medicina Estética (SEME) ratifica que por cada 10 años que una persona fuma, envejece dos y medio más que si mantuviese lejos del tabaco. Al dejar de fumar no solo se gana salud; también se prolonga la juventud de lo más visible, nuestra piel.

7. Entrégate a un masaje intenso

Un buen masaje intenso puede ayudar al cuerpo a deshacerse del exceso de toxinas, cuando se realiza por un profesional capacitado. El masaje debe centrarse en los puntos de presión de los músculos, donde las toxinas se acumulan. La estimulación profunda del tejido muscular libera toxinas de una forma natural. Un dato importante: Recuerda beber mucha agua después de una sesión de masaje para acelerar el proceso de decodificación.

8. Haz ejercicio

Hacer ejercicio con regularidad es una de las maneras más saludables para limpiar el cuerpo, en tanto que las toxinas son liberadas de una forma natural mediante la transpiración.

9. Controla tu estrés

Podemos considerar al estrés como el proceso que se pone en marcha cuando percibimos una situación o acontecimiento como amenazante o desbordante de nuestros recursos. Pues bien, el sobre esfuerzo que nos exige compromete gravemente nuestro bienestar. No lo olvides.

Alimentos détox indispensables

Susana Castañeda, naturópata, experta en autocuidado y directora del *Plan Yo me quiero,* nos sugiere algunos alimentos indispensables para una perfecta operación *détox:*

- **La alcachofa** es rica en fibra, inulina (facilita la digestión y protege el aparato digestivo; ayuda a bajar los niveles de azúcar en sangre) y cinarina (elimina toxinas y activa tanto el hígado como la vesícula biliar). Al drenar la vesícula, previene la formación de cálculos biliares. Regula, también, la absorción de los carbohidratos durante la digestión (reduciendo el índice glucémico), por eso es bueno en caso de diabetes.

- **La papaya** tiene pocas calorías y papaína, una enzima que facilita las digestiones.

- **Los espárragos** tienen fibra, muy pocas calorías y propiedades diuréticas. También poseen una función reguladora del aparato digestivo (actúa tanto en estómago como en intestino) y aporta probióticos beneficiosos para la flora intestinal.

- **La piña** es diurética y digestiva. Posee bromelina, que ayuda a digerir las proteínas, y el potasio, que facilita la eliminación de líquidos. Conocida también por su acción anticelulítica, contiene muchos minerales como: Mg, Na, Ca, Zn, Se y vitaminas como la A y la C.

- **El tomate** contiene licopeno, un potente antioxidante capaz de neutralizar una de las principales toxinas del organismo, los radicales libres. Además del licopeno, contiene glutatión, beneficioso para la hipertensión arterial e infecciones del tracto urinario.

Infusiones

- **Diente de león.** Es diurética y descongestiona el hígado. Ayuda en las disfunciones del metabolismo
- **Té verde.** Depurativo y antioxidante. Tiene un efecto "quemagrasas" (termogénico).
- **Perejil.** Depurativo; ayuda a realizar la digestión y combate los gases.
- **Boldo.** Contiene cerca de veinte alcaloides entre los que destaca la boldina, que estimula el funcionamiento de la Vesícula Biliar. Tiene propiedades beneficiosas para el hígado (contiene catequinas protectoras hepáticas), fluidifica y depura la bilis, al tiempo que previene la formación de cálculos biliares o piedras en la vesícula. Reduce niveles de colesterol "malo" y transaminasas.
- **Tomillo** con tres hojas de menta estimula el sistema digestivo y favorece su funcionamiento. Antibiótico natural por excelencia, evita los espasmos gástricos o intestinales.

Una sola jornada para sentirte estupenda

Ensaya un día a la semana de semiayuno, verás que agradable resultado. Es sencillo y llevadero. Consiste en comer durante una jornada entera, una fruta rica en fibra como la piña, incluyendo, a lo largo del día infusiones de hierbas, y agua en abundancia. Notarás la diferencia.

Dieta de la piña de desintoxicación rápida

La piña es una de las frutas más exclusivas y deliciosas. Es muy baja en calorías, pero tiene suficiente azúcar para que sea muy agradable al gusto. Contiene una enzima valiosa, llamada bromelina, que estimula el sistema inmunológico, quema la grasa y combate las enfermedades degenerativas. Debido a sus cualidades únicas, la bromelina es conocida como la "enzima del fitness". Además, el consumo regular de piña, también ayudará a la producción de serotonina, también conocida como la "hormona de la felicidad". Te ayudará a combatir el estrés, la ansiedad, la depresión y acelerará tu metabolismo.

> ℹ️ **Receta exprés**
>
> Necesitarás dos kilos de piña y cuatro tazas de jugo de piña fresca, sin azúcar añadido.
>
> Divide la piña en cuatro o cinco porciones iguales y come una porción en cada comida. Bebe el jugo de piña entre las comidas, si comienzas a sentir hambre.
>
> Asegúrate de beber suficiente agua para ayudar a tu cuerpo a deshacerse de las toxinas más rápidamente.

Panchakarma, antiguo método *antiaging* y mucho +

Según el Ayurveda, la salud depende de nuestra capacidad de metabolizar todos los aspectos de nuestra vida, asimilando aquellos que nos nutren y eliminando el resto que no nos sirven. Cuando no podemos digerir completamente nuestra comida, experiencias o emociones, las toxinas se acumulan en los tejidos y órganos de nuestro cuerpo, creando desequilibrios que a la larga se convierten en enfermedad, explica Pilar Franco de Sarabia directora de *Harit Ayurveda Spa*, para quien el *Panchakarma* es un inteligente, elegante y natural proceso de limpieza del organismo que elimina toxinas acumuladas y restaura la habilidad inherente del cuerpo de curarse a sí mismo.

Desintoxicación, aceites y productos

El Panchakarma es un tratamiento de depuración y desintoxicación orgánica, física, psicológica y emocional de la medicina ayurvédica. Una tradición milenaria que parece haber saltado a la actualidad de la mano de entusiastas como Demi Moore, Cindy Crawford, Gwyneth Paltrow O, en España, Miguel Bosé, entre legiones fervientes entusiastas de este método de remota antigüedad. Con este sistema se pretende fortalecer y rejuvenecer el organismo desde un punto de vista celular, prevenir enfermedades, eliminar un exceso de *doshas* acumulados en los tejidos y también se usa como preparación para un tratamiento posterior de *rasayana* o rejuvenecimiento celular.

¿Cuándo debe hacerse?

Debería realizarse un día de luna llena, en cada cambio de estación. Tomar la compota como única comida en las veinticuatro horas que dura la cura, en intervalos máximos de cuatro horas hasta consumir todo el preparado. Por el día, es preciso beber entre dos y tres litros de agua mineral baja en mineralización, a sorbos lentos. Deberás hacerlo de esta manera para obtener buenos resultados.

Ingredientes de la cura

- Un kilo de manzanas con su piel
- Medio litro de agua
- Preparación:
Lavar y trocear las manzanas. Luego hervirlas, sin rabo, pero con piel y pepitas, a fuego muy lento durante tres cuartos de hora.
No añadir azúcar ni miel. No comer otra cosa que no sea la compota.

La cura hepática

La limpieza hepática es uno de los métodos más valiosos para recuperar la salud y lucir espléndidas.

Frutas hepáticas

- **El tamarindo** es la fruta hepática por excelencia. Su pulpa combate las afecciones biliares, limpia, tonifica, fortalece el sistema hepático y reduce las transaminasas. Tomar en ayuno un vaso de zumo de tamarindo hasta lograr mejoría.

- **Ciruela.** Su consumo facilita el trabajo hepático, además evita el estreñimiento y favorece la eliminación de desechos orgánicos.

- **La papaya** contiene papaína, que es una sustancia digestiva. Se emplea para mejorar el hígado graso y para activar la circulación.

- **Pomelo** con la cascara o piel del pomelo. Se prepara una infusión que limpia el hígado, y también el estómago y los riñones.

Plantas indicadas

- **Almendro.** Sus hojas eliminan la grasa y el colesterol. Hierve en una taza de agua dos hojas secas, cuélalas y tómalas por la mañana y por la tarde, durante tres meses.

- **Alcachofera.** Es un protector hepático, indicado en los casos de congestión aguda o crónica, hepatitis, sobrecarga farmacológica, daño en el hígado.

- **Cardo mariano.** Regenera y desinflama el hígado, favoreciendo también la secreción de la vesícula biliar. Las hojas tiernas, sin espinas, así como los corazones del cardo, pueden tomarse crudos o en ensalada.

- **Diente de león.** Facilita el vaciamiento de la vesícula biliar. También es un laxante suave, no irritante. Puedes utilizar sus hojas en ensalada y, con las raíces tostadas, se prepara una infusión que puede sustituir al café (no debe usarse en caso de obstrucción intestinal o de las vías biliares ni, tampoco, cuando se padezcan cálculos) Consumir dos hojas crudas en ayunas, evita la inflamación y los problemas hepáticos.

⬇ INFORMACIÓN ADICIONAL

Por la compra de este libro, descárgate de forma gratuita: *Magnet Toques y retoques*, donde María José Bosch te da más consejos y trucos de belleza que ayuden a permanecer joven, ademas de facilitar sus direcciones favoritas.

http://elartedepermanecerjoven.guiaburros.com/contenidoadicional

El secreto de la juventud está en el sexo

Con rigor científico, se puede afirmar que, las mujeres que disfrutan de una vida sexual, plena y frecuente, pueden aparentar entre cinco y siete años menos de los que figuran en su DNI. Ya ves Tanto buscar la fuente de la eterna juventud y resulta que al final, una buena parte reside en ¡el sexo!

Son diversos los estudios que respaldan tal afirmación. Por ejemplo, el realizado por David Weeks, neurosicólogo en el Royal Edinburgh Hospital (Reino Unido), que concluyó que la actividad sexual es una terapia antiedad, manteniendo, como los eslóganes de algunas cremas de belleza, que el sexo puede rejuvenecer hasta diez años. Según David Weeks, la clave está en practicarlo de manera regular. Por su parte, el profesor Manuel Castillo, catedrático de la Universidad de Granada, señala que el ejercicio sexual: "es el tipo de actividad fisiológica que más influye positivamente en el ánimo y en el bienestar de la persona". Natural, que rejuvenezca

El mejor sexo empieza a los cuarenta

Existe la creencia de que la libido disminuye con la edad. Una falsa conclusión lanzada a la ligera, puesto que, si en lo que satisfacción se refiere, la mayoría de sexólogos sostienen que la plenitud de las experiencias sexuales aparece a partir de los cuarenta años, ya que los orgasmos femeninos son mejores y más recurrentes a medida que soplamos velas. Lo mismo afirma un estudio realizado por la investigadora estadounidense Debby Herbenick, sobre la calidad de los orgasmos. Conclusión: el sexo mejora con la edad y, en el caso de las mujeres, de una manera más que evidente. Según se desprende de su estudio, mientras que el 61% de las mujeres de entre 18 y 24 años llegó al clímax la última vez que tuvo una relación sexual, las de treinta y tantos lo consiguieron en un 65%, pero, ¡ahora viene lo mejor!, el porcentaje de las que llegaron a sentir un orgasmo aumentó hasta el 70%, en el grupo de quienes ya habían cumplido los cuarenta y los cincuenta.

Un amplio grupo de mujeres afirmaron que disfrutan más de la sexualidad después de la menopausia, debido al mayor tiempo para gozar del sexo, menores responsabilidades maternas, mayor experiencia, menores inhibiciones, más tiempo para hacer dietas y ejercicios mejorando su estado físico y capacidad sexual y lo mejor: sin temor a quedarse embarazadas.

En la misma dirección apunta una investigación de 2014, publicada en la *British Medical Journal* mostró que un 80% de las personas entre los 50 y los 90 años eran sexualmente activas.

Cierto es que, a partir de los cuarenta, las mujeres sufren una brusca bajada hormonal debido a la menopausia, sin embargo, se trata más de un problema psicológico que fisiológico, fomentado por la sociedad, explica el sexólogo Raul Padilla "porque, psicológicamente, se cree que al perder la capacidad de procrear también se pierde la feminidad que se suele asociar a las relaciones sexuales" apunta el sexólogo, para quién, lo más importante es "no dejar nunca de valorarse sexualmente" Jacqueline Bisset, a sus 65 años, declaró al que se sentía más atractiva que veinte años atrás, "Me siento más sensual ahora que en la época en la que era vista como una *sex symbol*".

Joan Price, una de las expertas más reconocidas en Estados Unidos en cuestiones sexuales, explica las ventajas de una sexualidad madura en uno de sus libros: *Better Than I Ever Expected* (*Mejor de lo que jamás imaginé*). "Puede que el sexo cambie —asegura—, pero no tiene por qué desaparecer. ¡Nunca! Ni después de los 50, los 60 ni los 70 años". La experta en lides amatorias, habla con conocimiento de causa a sus 70 años bien cumplidos De lo contrario, será más fácil que la disminución en la segregación de estrógenos venga acompañada de episodios depresivos y de una irritación constante.

En suelo patrio, la actriz Pastora Vega asegura no haber notado ningún bajón tras la menopausia, sino todo lo contrario: "Yo creo que estas cosas están en el coco de cada uno. Hay una asociación brutal entre lo hormonal y lo emocional —explica, a la vez que reflexiona; hay sofocos ¿y qué? También hay granos en la adolescencia. Yo, desde luego, estoy feliz, llevo cinco años sin esa cosa y quiero quitarle arena a la historia", concluye la actriz y presentadora, orgullosa de la edad en la que se encuentra instalada.

Por supuesto que la libido se dispara más durante la juventud, pero "se aprovecha peor", como explica la sexóloga Catherine Blanc en su ensayo *La sexualité des femme nést pas celle des magazines*, donde llega a la conclusión de que los cincuenta son la mejor edad para vivir las relaciones íntimas tanto porque se goza de una mayor experiencia, creatividad y libertad, como porque se priorizan los aspectos psicológicos sobre los físicos, más cercanos a la ternura y a la pasión propia del acto sexual.

Uno de los iconos que mejor representa lo que sugieren los expertos es la vitalísima Jane Fonda. A sus 76 años, airea a los cuatro vientos que su práctica sexual sigue siendo plena y estupenda. "Dejad que os diga: el amor con buen sexo es lo mejor para rejuvenecer, mejor que cualquier cirugía facial", sentencia en su libro *Prime Time: Mis Mejores Años*, donde la actriz relata sus experiencias en lo que ella denomina el Tercer Acto de su vida, a partir de los setenta. Sin pudor ni diplomacias, la actriz transmite los consejos de varios médicos, sexólogos y psicólogos, y afirma: "El mensaje para mantenernos sexualmente activas es mantenernos sexualmente activas. Úsalo o piérdelo".

Secretos de alcoba

¿Cuál es la relación entre la juventud y la experiencia de alcoba?

¿Cómo o por qué sucede?

Además del placer y sus naturales connotaciones eróticas, la excitación y el orgasmo, resultan todo un elixir de juventud. Una suma de factores hace que tener relaciones sexuales frecuentes sea beneficioso para la salud:

A saber:

— Al parecer, durante los encuentros eróticos entran en juego distintas hormonas, como la oxitocina, la dopamina y la prolactina. Estas, son las encargadas de producir felicidad, placer y relajación, evitando así el estrés, un peligroso desencadenante del envejecimiento prematuro. Y, por si fuera poco, promueven la regeneración de nuestras células, evitando la formación de arrugas.

— Las mujeres que pierden hidratación en la piel, por distintas causas, así como también las que están llegando a la menopausia, la liberación de estas tres hormonas, pueden mejorar el aspecto de la misma.

— En el momento de la excitación y el clímax —sumando a las hormonas que se liberan durante el orgasmo—, el flujo sanguíneo mejora considerablemente en todo el cuerpo, transportando más oxígeno a cada célula, incluyendo las de la piel. Te verás más radiante porque durante las relaciones sexuales se produce una vasodilatación.

— Caricias y besos liberan una gran cantidad de hormonas que estimulan la producción de colágeno, sustancia que se encarga de darle firmeza, brillo, suavidad y frescura a la piel.

— Los movimientos y el contacto de piel con piel elevan la temperatura corporal, lo que produce transpiración, ayuda a eliminar toxinas y el exceso de grasa que se acumula en los poros.

— Ayuda a fortalecer el cabello y las uñas, debido a la mejor circulación que se tiene después del sexo, que llena de oxígeno a las células, a la vez que transporta de forma más rápida los nutrientes.

— Y como plus de belleza: la oxitocina y prolactina, que se liberan durante el acto sexual y promueven un estado de relajación y somnolencia, que ayuda para tener un buen descanso. Y una noche de sueño, profundo y reparador, es una de las más potentes recetas de belleza

Es, al fin y al cano, una cuestión de endorfinas, unas hormonas que representan "nuestro sistema de recompensa frente a multitud de conductas y actividades de la vida diaria, y que son el vehículo material del placer, la euforia y la felicidad", explica el doctor José Miguel Gaona, psiquiatra y autor del libro *Endorfinas, las hormonas de la felicidad* (Ed. La esfera de los libros). "Nuestro estado de ánimo no es otra cosa que la manera que tenemos de traducir la realidad del mundo; si logramos tener un nivel elevado de endorfinas, mejorará este estado de ánimo y, por ende, también lo hará la traducción que hagamos del mundo. Y todo esto se irradia desde nuestro interior al exterior" concluye, el experto.

Las investigaciones añaden que la excitación sexual y el orgasmo ayudan a mejorar la capacidad respiratoria, benefician el sistema cardiovascular, previenen la depresión y la ansiedad, ayudan a aliviar dolores y dan más fuerza y tono a los muslos. Además de todo eso, disminuyen los síntomas asociados a la menstruación, la artritis y la osteoporosis. ¿Muchas cosas? Calma, porque la lista no termina: El sexo también trae beneficios psíquicos ¡Ah! Y mantener relaciones sexuales, al menos tres veces por semana, alarga la expectativa de vida un promedio de diez años, según se desprende del estudio realizado por un grupo de médicos, encabezados por el doctor George Davey-Smith y sus colegas de la Universidad de Bristol.

La seducción de las *swofty*

La revista británica Cosmopolitan ha realizado una encuesta entre hombres, dividiéndolos en tres grupos de edades para conocer sus preferencias sobre probables parejas, y fue aplastante: la mayoría eligieron mujeres de entre 45 a 60 años. ¿Sorprendida?

Sí, parece que la juventud y el poder de atracción no acaba a los 50 años, ¡apenas comienza! Y queda claro con el movimiento *swofty*, un término acuñado por la prensa británica para definir a todo un colectivo de moda. *Swofty* es el acrónimo de *single woman over fifty*, es decir, mujer soltera de más de cincuenta años que sigue despertando pasiones por su edad, elegancia, seguridad y belleza.

Las reglas de este nuevo club son claras: deben ser damas orgullosas de su edad, de fuerte personalidad, alta autoestima y luchadoras por su identidad. Mujeres que visten para gustarse a sí mismas, que cuidan su cuerpo y su estética. Féminas que pisan fuerte, que consideran que la edad no es un obstáculo para mantener la visibilidad social y que están dispuestas a seguir disfrutando del amor, del sexo y del trabajo. Las *sowfty* no están dispuestas a desaparecer bajo la apariencia de un pelo corto lacado, trajes grises, medias tupidas y zapatos planos.

Sabemos que estas mujeres maduras siguen manteniendo intacta su sensualidad y su capacidad de atracción y no parece importarles la edad, y menos la suya, porque curiosamente las vemos siempre acompañadas de jovencísimos novios con los que pasear sin complejos. Es el caso de Demi Moore, la que fuera esposa de Bruce Willis, que cambió sus gustos por un jovencísimo Ashton Kutcher con el que también estuvo casad durante seis años. Y cada año que pasa, la guapísima actriz parece cada vez más joven. La también actriz Susan Sarandon, tras 23 años junto a Tim Robbins, decidió, a los 65 años, hacer borrón y cuenta nueva, para comenzar un romance con el empresario Jonathan Bricklin (de 32 años). Madonna es otra de las celebridades destacadas de este grupo: "si, jódete, tengo 50. Eso es lo que voy a decir cuando los cumpla". Con 56 años, se ha casado en dos ocasiones y ahora disfruta de una dulce soltería junto a su novio, el jovencísimo bailarín francés Brahim Zaibat, de 24 años, y sigue reinventándose y disfrutando del amor y del sexo.

Otra estupenda que da el perfil es Sharon Stone, de 56 años. Y si no, que se lo pregunten a su *sex-toy*, el modelo argentino Martín Mica, de 27 años y poseedor de un cuerpo imponente. Kim Cattrall, en plena madurez, archiconocida por su papel de Samantha Jones en la serie de *Sexo en Nueva York*, es otra de las dignas representantes de las *swofty*, gracias a su imagen liberada y abierta. Con su desinhibido personaje, la polifacética estadounidense se ha convertido en un referente sexual para muchas mujeres, y con este bagaje, se ha lanzado también a escribir dos libros *Inteligencia sexual* y *Satisfaction,* donde explica cómo obtener un orgasmo. Se ha casado tres veces, pero ahora pertenece al universo de las solteras y a sus magníficos 57 años mantiene su propio hueco entre las más sexys del mundo. Segura, independiente y liberal, la actriz es todo un referente de los felices cincuenta.

Para la nueva chica Bond "la verdadera atracción sexual está en la mente y la imaginación, no en la edad del cuerpo".

Monica Bellucci, explica que no le sorprende que "los hombres de 20 o 30 años a menudo busquen una mujer mucho mayor".

Representan, todas ellas, claros ejemplos de la nueva etiqueta que se acomoda en la sociedad del siglo XXI y deja de lado el adjetivo *cougar* o pantera, que se le adjudicó en su momento a las mujeres que mantienen una relación sentimental con los hombres más jóvenes.

Una nueva situación a los ojos del mundo que la escritora Rosa Montero — caracterizada, amén por su deliciosa narrativa, por su búsqueda ferviente de la reivindicación de la mujer — considera para bien de tantos hombres jóvenes que ya no se sentirán raros o incomodos ante la incomprensión social cuando se enamoren de una mujer mayor y gocen de sus conocimientos, de su madurez vital y sexual, de su manera distinta, más comprensiva y más redonda de quererle; y para bien de tantas mujeres mayores, que podrán disfrutar de las ganas de vivir, de la pasión y la alegría, de la curiosidad y la audacia de los amantes jóvenes. Cuando escucho a una mujer madura quejarse de que ha alcanzado la edad de la invisibilidad, de que ya no la miran, siempre me siento tentada de decirle: Te equivocas, cariño, quizá seas tú la que no ves. Siéntete segura de ti misma, y mira a los jóvenes.

Las mujeres de mi generación

Casi todos coinciden en que las mujeres de más de 40, son más inteligentes y sexys pero, ¿por qué? Desde la sociología, el experto y televisivo Javier Gállego propone varias razones seculares, imperecederas:

- **La mujer madura tiene más experiencia.** Tienen mayor control de las emociones. Embridan mejor los impulsos emocionales, irracionales, hormonales. Dan más seguridad al varón. Son menos inesperadas, cambiantes y caprichosas. Saben mejor lo que quieren. Al mismo tiempo, a la mayor experiencia y vital, se añade una vida sexual más experimentada, más variada y más rica. Por ello, el hombre ve en esa madurez más posibilidad de placer, de aprendizaje, de goce o de atracción.

- **Independencia.** La mujer madura ha sufrido y vivido ya decepciones, alegrías, fracasos. Ha aprendido emocionalmente, sentimentalmente, sexualmente. No tienen irreales expectativas, ni urgencias. No esperan del hombre lo imposible, lo irreal, lo inalcanzable. No lo idealizan tanto como las mujeres adolescentes jóvenes. Ya lo han conocido más. Disfrutan más del momento del instante, de día a día. Saben, en principio, lo que quieren. No buscan la perfección, porque han constatado que la perfección no existe No centran la vida en un hombre. Disfrutan sin apostar por el compromiso destructivo.

- **Control y autoridad.** La mujer madura tiene más independencia económica, social Tienen las ideas más claras, sin servidumbres. Son más decididas. Resolutivas. Eso conlleva, una mayor independencia sentimental. Y, por tanto, un gran poder de convicción, seducción y atracción en el hombre, sobre todo en el más joven y adolescente. La madurez es un potente afrodisíaco. Sus componentes: la experiencia, la independencia, la autoridad y el control. Un afrodisiaco que siempre ha tenido éxito, concluye el sociólogo Javier Gallego.

Rejuvenece comiendo, nada más fácil

Todo lo que nos llevamos a la boca impacta en nuestro cuerpo y lógicamente en el órgano más extenso como lo es la piel. La carencia de vitaminas nos quita luminosidad, y ganar peso también nos hace parecer de más edad. Un estudio de la Universidad de Harvard, comprobó que las personas que siguen una dieta mediterránea se mantienen genéticamente más jóvenes. Porque su base son las verduras, frutas, legumbres y el aceite de oliva. Mientras que la dieta a la que estamos acostumbrados tiene como base las harinas, que hacen que retengamos líquidos. Lo principal es reducir el consumo de fritos y grasas.

La forma en la que nos alimentamos, determinará poderosamente la edad de nuestro organismo. Su importancia en la belleza es abrumadora; ya Hipócrates, unos 460 a.c, dijo: "Eres lo que comes" comenta Susana Castañeda, ante la relación alimentación y envejecimiento. La experta, propone algunas sugerencias a tener en cuenta:

- Debemos comer alimentos vivos para sentirnos así: "vivos". Mucha fruta y verdura es la clave.

- El modo en el que comemos también influye en cómo nos sienta. Procura no comer con noticias tristes o, al final, también las ingieres.

- Intentemos cocinar los alimentos al vapor. Se pierden menos vitaminas, que se van en el agua del hervido (por eso es bueno beber el caldo y no tirarlo). Recuerda: a más temperatura menos vitaminas quedan.

- El exceso de carne, nos acidifica el PH (antes, en nuestra dieta se mataba el pollo y comía carne los domingos, ahora es diario)
- Evita el exceso de azúcares, tomamos demasiados en la dieta (harinas blancas, azúcar refinado)
- Restringe el exceso de sal en las comidas (*chips,* salazones, comidas prefabricadas...)
- Limita el exceso de grasas saturadas o grasas *trans*, intentemos cambiarlas por el oro líquido. El aceite de oliva es de lo mejor que tenemos en cuanto a grasas saludables (pero evítalo en los fritos, ya que se oxida)
- Huye del abuso de conservantes, colorantes, acidificantes Cuanto más natural sea la comida, más sana será.

Las consecuencias de una dieta inadecuada no solo son biológicas, se manifiestan también en el ámbito social y del comportamiento humano. Como sentencia Javier Akerman, psicólogo y naturópata: "Comiendo mal, pensamos peor".

Manuel Lezaeta Acharán, uno de los grandes naturistas de nuestros tiempos, nos enseña en su libro *La medicina natural al alcance de todos:* "La salud no se obtiene en la consulta del médico, ni se compra en el mostrador del boticario; es el resultado de nuestros propios actos de cada día, a tono con la ley natural, mediante un régimen de vida dirigido a obtener buenas digestiones, normal respiración y actividad. Con buenas digestiones, se forma en el cuerpo sangre pura y, con activas eliminaciones, se espera de él lo malsano y perjudicial. La base de la salud la constituye la digestión.

Conoce 10 alimentos que te ayudarán a mejorar tu apariencia y salud.

1. **Pescado.** El pescado azul, aparte de ser una fuente importante de minerales y vitaminas, también contiene Omega 3, algo fundamental para que nuestros huesos se mantengan jóvenes con el paso del tiempo y sean capaces de seguirnos el ritmo. Anchoas, atún, caballa, bonito, boquerones, emperador, salmón, sardinas y trucha son ricos en Omega "de acción antinflamatoria, mantienen la longitud de los telómeros de los cromosomas y así previenen el envejecimiento celular", asegura la nutricionista Laura Pire.

2. **Té verde: milagro verde.** Las propiedades de este té comienzan a ser apreciadas en Occidente, pero lo cierto es que esta bebida, tan popular en el lejano Oriente desde hace siglos, ha hecho que países como China presenten bajos índices de cáncer en órganos como el colon, el hígado o el estómago. Es un purificante natural que ayuda a eliminar grasa y toxina a través de la orina.

3. **Naranja.** Está riquísima fruta contiene antioxidantes que protegen las células de futuros daños. Quienes incluyen de manera habitual vitamina C en su dieta, tienen menos arrugas y una piel más hidratada.

4. **Zanahoria.** Las frutas y verduras de color rojo o naranja, contienen unos pigmentos llamados beta-carotenos que ayudan a controlar el envejecimiento mediante la producción de colágeno, que es el que mantiene la piel firme.

5. **Brócoli.** Esta verdura supone una excelente fuente de vitamina A, encargada de regular el sistema inmunológico, previene y combate infecciones; además, posee vitamina C, un nutriente esencial para la función inmune y poderoso antioxidante.

6. **Vino.** Es el nuevo elixir antiedad, pues los estudios han descubierto un antioxidante único llamado resveratrol con poderosos efectos contra el paso del tiempo. Esta sustancia se produce durante el proceso de fermentación y abunda en el vino tinto. Curiosamente logra engañar al cuerpo y activa genes específicos que controlan los procesos metabólicos que reparan el ADN.

7. **Tomates.** Son una fuente rica en flavonoides, químicos antinflamatorios del cuerpo y de licopeno y caroteno, más conocido que le da ese color rojo brillante.

8. **Aguacate.** Tiene muchos beneficios antiedad. Además de ser una buena fuente de grasas monosaturadas, que reducen el colesterol malo y por tanto disminuye el riesgo de complicaciones para el corazón. ¿El resultado?: Una vida más larga y saludable.

9. **Arándanos.** Influyen en la liberación de dopamina, un neurotransmisor estimulante y energizante, que ejerce un efecto anti-envejecimiento extremadamente importante. Tienen potentes poderes antioxidantes y constituyen un importante aporte de vitaminas.

10. **Berros.** Son una buena fuente de nutrientes y carotenoides clave, como la luteína y el betacaroteno —asociados al mantenimiento de la salud ocular y de la piel—. Ricos en vitamina A y C, y una fuente de folato, calcio, hierro y vitamina E.

Dieta antioxidante

Reducir el estrés oxidativo ha sido el principal objetivo de la investigación de la medicina antienvejecimiento. Sobre los suplementos de antioxidantes, el científico de la Universidad de California, el doctor Lester Pecker, fue el primero en describir cómo colaboran para combatir a los radicales libres.

La oxidación es la reacción química que produce radicales libres, átomos inestables y muy activos que causan daño celular a la vez que disminuyen el sistema inmune. La labor de los antioxidantes es detener esos procesos, oxidándose, ellos mismos. Son un grupo de vitaminas, minerales y enzimas que protegen la piel del envejecimiento, previniendo la oxidación de otras moléculas.

𝒊   Antioxidantes al plato

Con una dieta adecuada —prueba la dieta antiedad— se pueden reducir los efectos del paso del tiempo en el organismo, efectos provocados por la oxidación celular.

La dieta es la mejor fuente para obtener antioxidantes que necesitamos. Toma vitamina A, C y E (pescado azul, leche, fruta cítrica, aceite de oliva, frutos secos), minerales como el selenio y el zinc (frutas y verduras, té verde, chocolate) y coenzima Q10 (pescado azul, soja, carne y cacahuetes).

La vitamina C es el antioxidante por la excelencia

En la actualidad, se considera la vitamina C como uno de los más potentes antioxidantes naturales que combate los radicales libres ya que nuestro cuerpo, por sí solo, es incapaz de neutralizarlos. De esta forma, es de suma importancia que la piel se arme con productos que aumenten su capacidad de defensa con el fin de combatir cualquier síntoma de envejecimiento.

C por dentro y por fuera

Con el uso de productos que contengan esta vitamina, se ayudará de una forma más completa a que el tono de la piel sea el adecuado y la dermis esté mucho mejor conservada. Es básico incluir en la alimentación diaria cinco piezas de verdura y dos o tres piezas de fruta.

S.O.S: ¡Me oxido!

Para plantar batalla a los radicales libres, es preciso conocer sus principales fuentes:

- Tabaco.
- Alcohol.
- Contaminantes procedentes de industrias químicas como: petróleo, gasolina, desodorantes, disolventes, etc.
- Contaminación atmosférica.
- Exposición al sol.
- Ejercicio físico intenso.
- Estrés.
- Metales tóxicos (plomo, mercurio —atención a los empastes dentales—, cadmio, aluminio, flúor)

- Plaguicidas herbicidas, insecticidas…
- Embalajes de polietileno.
- Antibióticos, antinflamatorios, antisépticos
- Radiaciones ionizantes.

Fuentes internas:

- Infecciones.
- Alergias.
- Inflamaciones.
- Respiración acelerada (por ejemplo, al practicar deporte) de las células.

> **👁 ¡OJO!**
>
> No debes comer, nunca, las partes carbonizadas de la carne, de los huevos o del pescado, pues contienen unos compuestos altamente tóxicos denominados productos finales con glicacion avanzada. Estos, generan un extraordinario número de radicales libres que llegan a deformar nuestras propias proteínas.

Hidratar tu cuerpo y tu rostro, con alimento

Estar hidratadas, evitará la formación de arrugas, descamación, tirantez, beber mucha agua. Hasta tres litros diarios recomendaba la periodista Sarah Smith en el *Daily Mail*, en el 2013, después de realizar un curioso experimento. Estuvo un mes bebiendo los tres litros de agua diarios que aconsejan los expertos y los resultados que obtuvo fueron espectaculares: comparando dos fotografías suyas, una de antes del experimento y otra de después observó claramente que la diferencia entre una y otra era nada más y nada menos que de 10 años. En la segunda aparecía sin ojeras, ni bolsas ni manchas en la cara, tenía menos marcado el surco nasogeniano y su cutis estaba mucho más luminoso. El agua es un elemento fundamental en nuestro organismo.

Los alimentos más hidratantes

- El primer lugar lo ocupa **la sandía**. Esa rica y refrescante fruta que tanto gusta los pequeños y mayores está formada por un 95% de agua, y ofrece a nuestro organismo una forma saludable de saciar el apetito, ingerir fruta e hidratarse.

- **Las acelgas** son otra importante fuente de agua, especialmente si son hervidas. Su porcentaje ronda también el 95% y, además, resulta muy beneficioso su consumo para nuestro cuerpo, pues proporciona una fuente importante de hierro, minerales y vitaminas.

- Otra fruta refrescante, **el melón,** contiene más de un 91% de agua en su composición. Con jamón como aperitivo, o como postre, nuestro organismo nos lo agradece, además de estar riquísimo.

- El rey de las ensaladas, **el tomate,** con un contenido del 94% de agua, es partícipe en un montón de recetas de cocina, y lo podemos encontrar durante todo el año. Además, nos aporta sus enormes propiedades antioxidantes.

- **La lechuga,** compañera ideal del tomate, también cuenta con un contenido importante del agua, rondado el 92% en su composición, lo que la convierte en una opción perfecta para nuestras ensaladas, o como guarnición.

- **La naranja,** bien sea en zumo o mordida como pieza de fruta, tiene un contenido de agua muy alto, cerca del 90%. Amén de la cantidad de vitaminas que resultan esenciales para los más pequeños, especialmente. Su preparación en zumo es ideal para hidratarnos, tanto en verano como en invierno.

- Un alimento que se sale de frutas y verduras, es **la merluza.** Probablemente la pieza de origen animal con más contenido de agua, rondando aproximadamente el 75%. Si optamos por hervirla, tendremos un manjar saludable, hidratante y muy rico.

¡Viva la dieta mediterránea!

Sigue la dieta mediterránea. La alimentación es otro factor que influye en nuestro aspecto: la falta de vitaminas resta luminosidad, el exceso de grasas nos hace ganar kilos y aparentar más años. Un estudio de la Universidad de Harvard, publicado en diciembre de 2014 en la revista *British Medical Journal,* llevó a cabo una investigación que consistió en controlar la salud de 4.676 enfermeras durante diez años y evaluar la influencia de su dieta en los telómeros (son los extremos de los cromosomas, que protegen los códigos genéticos). El resultado no dejó lugar a dudas: las sanitarias que seguían una dieta mediterránea tenían unos telómeros más largos y sanos, es decir, se mantenían genéticamente más jóvenes. ¿Conclusión? Para que los años no nos ganen la partida (ningún alimento rejuvenece: se trata de evitar que el envejecimiento se acelere), debemos aumentar nuestro consumo de fruta, verduras, legumbres y aceite de oliva y disminuir los fritos, bollos y carne roja. "Otro beneficio de consumir más alimentos verdes es que su fibra dificulta la adhesión de la placa a los dientes, por lo que los mantiene más blancos, otro detalle que nos hace parecer más jóvenes", explica Rosario Mateo Vic, farmacéutica y directora del Centro de Salud y Belleza *Espacio Simpatía,* de Madrid. "Pero tenemos que ingerir poca sal. Esta no es necesaria, porque la que contienen los alimentos de por sí ya es suficiente para que nuestro organismo funcione bien, y su abuso favorece la retención de líquidos y la formación de bolsas debajo de los ojos, lo que avejenta nuestro aspecto", argumenta la especialista.

Dieta antinflamatoria

Los expertos aseguran que la inflamación es el origen del envejecimiento. Apuntan como principales culpables: el azúcar y los alimentos que se transforman rápidamente en azúcar en la sangre, como las patatas, el pan, los pasteles y los zumos.

Según el famoso dermatólogo Nicholas Perricone, conocido en EEUU como "el padre de la tesis sobre la inflamación como origen del envejecimiento", aconseja hacer una dieta antiinflamatoria de unas 1.800 calorías, con un aporte regular de proteínas de alta calidad (40%), hidratos de carbono complejos (30%) y ácidos grasos esenciales (entre un 20 y un 30%), amén de distribuirlo en tres comidas principales, diarias, y dos tentempiés "para mantener los niveles de azúcar en sangre estables", lo que supone una ingesta cada tres o cuatro horas.

- **Proteínas de alta calidad.** Son fundamentales para la reparación celular y hay que comerlas al comienzo de cada comida para saciarnos antes y "evitar que los de-

más alimentos se transformen rápidamente en azúcar"'.
El experto aconseja tomarlas a diario, repartidas en las
tres comidas y los dos tentempiés del día.

- **Un sí rotundo a:** caballa, bonito del norte, atún, sardinas, arenque, anchoas, trucha, marisco, pollo sin piel ni
  hueso, pavo, huevos y salmón salvaje, en lugar de pis-
  cifactoría, porque contiene DMAE –dimetilaminoeta-
  nol—, un efecto antioxidante.
- **Evitar:** lácteos enteros y carnes rojas— buey, ternera,
  cordero y cerdo—.
- **Hidratos de carbono complejos:** son ricos en vitaminas, minerales y antioxidantes, y también en agua,
  que favorece la hidratación de los órganos y la piel. El
  doctor Perricone recomienda consumir entre cuatro y
  siete porciones, en una cantidad máxima de 125 gra-
  mos por comida y en forma de fruta y verdura.
- **Sí, a:** almendras, avellanas, nueces, manzana, meloco-
  tón, pera, ciruelas, espárragos, coliflor, brócoli, coles
  de Bruselas, judías, arándanos, moras, queso de Bur-
  gos, leche desnatada, avena, cebada, trigo sarraceno,
  queso feta, parmesano, cebollas y ajo.
- **No, a:** pan, galletas, muesli, cereales, bollería industrial,
  plátano, naranja, uvas, zumos de frutas, conservas, za-
  nahorias, pepinillos, garbanzos, calabazas, panceta, sal-
  chichas, pasta, palomitas, arroz, patatas, mantequilla,
  margarina, queso cremoso, crema y helado.
- **Ácidos grasos esenciales:** son cruciales para el buen
  funcionamiento de las células y nuestro cuerpo no puede fabricarlos, así que tenemos que obtenerlos a partir de los alimentos. Los Omega-3 y Omega-6, tienen

efectos protectores para el corazón, pueden bajar la tensión arterial, las tasas de colesterol malo y el estrés, y disminuyen el riesgo de coágulos sanguíneos, el de cáncer de colon, de próstata y de pecho. Son determinantes, además, para la cicatrización de nuestra piel.

💡 CONSEJO

Confecciona un menú con alimentos antiinflamatorios. Aumentan el bienestar y frenan el paso del tiempo. Elimina de la dieta el azúcar blanco y los productos procesados porque deterioran el colágeno, la proteína que sostiene la piel, y aceleran el envejecimiento de los tejidos. *"Endulza con edulcorantes naturales (estevia o tagatosa) y reemplaza la comida procesada por platos del recetario de la abuela elaborados con nutrientes frescos"*, recomienda Itziar Digón, psicóloga y coach nutricional.

Glicación. La trampa del azúcar

Según la investigadora Susan Stuart de la Universidad de San Diego, el azúcar está relacionado con un proceso llamado glicación, responsable de la pérdida de brillo en la piel, los círculos oscuros debajo de los ojos, la pérdida de tono muscular y la aparición de arrugas y líneas de expresión.

Evita los azúcares y opta por los carbohidratos de bajo IG (índice glucémico) e integrales. "Puedes añadir 10 años a tu esperanza de vida, prevenir la diabetes, la arterioesclerosis y el cáncer", dice el Dr. Manuel Jiménez Ucero, autor de *La Dieta Flash* (ed. Planeta)

La mayoría de los trastornos asociados al envejecimiento se asocian con la glicación:

- **Pérdida de memoria:** recubrimiento de azúcar de las neuronas cerebrales.
- **Depresión clínica:** alteración de la función de los neurotransmisores.
- **Menor adaptación al estrés:** deterioro de los receptores de cortisol.
- **Desequilibrios hormonales:** aumento del cortisol, suelto o libre.
- **Arrugas y flacidez cutánea:** glicación del colágeno.
- **Deterioro de la función inmunológica:** lesión del timo, del tejido linfático y de los inmunocitos.
- **Alergias, síndrome del intestino permeable y síndrome del intestino irritable:** disfunción gastrointestinal y menor capacidad digestiva.

Nutrigenómica: la dieta que lleva tu nombre

Para seguir una dieta, en principio, solo se necesita fuerza de voluntad. Que funcione y los resultados se mantengan, ya es otra cosa. ¿Quién no se ha sometido a un plan de adelgazamiento y, a pesar de llevarlo a rajatabla, ha comprobado cómo no bajaba de talla o, peor aún, luego la recuperaba en tiempo récord? Hasta ahora, las dietas se basaban en pautas ya establecidas que todos entendemos como saludables y universales: Por ejemplo, a la hora de perder unos kilos dejamos de lado el pan, comemos fruta y verdura y nos pasamos a la versión integral. Pues bien, quizá a tu vecina le vaya de perlas, en tu caso no sea eficaz o te haga incluso engordar. Ahora, los resultados de un test genético ayudan a personalizar el plan de alimentación para conseguir una efectiva reducción de peso.

José María Ordovás, uno de los más reconocidos expertos en nutrición y genética, director del Laboratorio de Nutrición Genómica del *USDA-Human Nutrition Research Center on Aging* de la Universidad de Tufts, en Boston (EEUU), explica que a través de la Nutrigenómica es posible leer cómo los genes reaccionan dependiendo de los nutrientes que comemos. No confundir Nutrigenómica con nutrigénica. Esta última analiza la intención de cada genoma con los alimentos. "Cada persona reacciona distinto cuando come porque varían las mutaciones en los genes que se encargan de la regulación de los nutrientes", aclara el autor de *La nueva ciencia del bienestar: Nutrigenómica* (Editorial Crítica).

Nutricosmética: alimenta tu belleza

La forma más sencilla y breve de definir la Nutricosmética es como la intersección o el punto de cruce entre la alimentación y el cuidado personal; es decir, cómo nos cuidamos desde dentro, porque nuestro cuerpo se construye desde el interior. Y la cosmética nos lo quiere construir o reconstruir desde fuera, y ese es un camino complementario, pero no completo. Tampoco es equivocado, porque ayudar a contrarrestar los estragos que nos llegan desde fuera es útil, pero es mucho más útil reconstruirse desde dentro con estos principios que son los que nuestro cuerpo necesita para restaurar bien sus estructuras, explica el Dr. Jiménez Ucero, autor de *Los secretos de la Nutricosmética*. Los nutrafarmacéuticos, son componentes nutricionales presentados en forma distinta a los alimentos originales, cómo: cápsulas, ampollas, *sticks* de gel o polvo y que concentran los elementos activos del alimento, sin alterar su composición natural. De esta forma, consigue hacer un aporte más importante, que aumenta sus efectos beneficiosos.

> **ⓘ DATO.** La Nutricosmética es la interacción entre la alimentación y el cuidado personal.

- **Vitamina A** o sus precursores carotenos. Ayuda a la renovación celular y en la protección solar.
- **Vitamina B** que en grupo interviene de diferentes formas.
- **Vitamina C,** potente antioxidante natural.
- **Vitamina E,** llamada de la feminidad o de la belleza.
- **Antioxidantes,** flavonoides, fenólicos, licopenos, resveratrol que, además, son protectores de la buena circulación capilar.
- **Oligoelementos naturales** en dosis ínfimas, que suelen actuar en las reacciones enzimáticas y son necesarias para el buen funcionamiento y reproducción celular, como el zinc y el selenio.
- **Ceramidas,** sustancias oleosas compuestas por un ácido graso y un esfingolípido. Son usadas en cosmética para mejorar la hidratación de la piel, evitando la pérdida de agua. Tomadas en forma de Nutricosmética, revelan un efecto mayor en el mantenimiento de una piel necesitada de líquido.

Los factores que erosionan la piel son permanentes por lo que el tratamiento para compensarlo, también debe ser prolongado, aún con periodos de descanso. "Una pauta nutracéutica antienvejecimiento debe basarse en la perseverancia, en un factor de seguimiento, porque no existe el milagro, hay que saber construir el milagro", advierte el doctor Jiménez Ucero desde su recomendable libro *Los secretos de la Nutricosmética*.

Mueve tu cuerpo, activa tu vida

Practica un ejercicio moderado, pero de forma habitual. Lo ideal para restar años a nuestro aspecto y sumarlos a nuestra vida no consiste en matarnos en el gimnasio durante tres horas seguidas una vez a la semana, sino en hacer ejercicios moderado a diario. Así lo aconsejan investigadores de la Universidad McMaster (Ontario, Canadá), tras observar los resultados de uno de sus ensayos, publicado en el University Herald en 2014: estos estudiosos tomaron biopsias de la piel de un grupo de personas sedentarias mayores de 65 años y comprobaron que, dada su edad, tenían el estrato córneo, la capa externa de la piel, gruesa, mientras que su dermis, la capa interna, estaba muy fina. Este adelgazamiento es el que hace que la piel se vuelva frágil y origine las arrugas. Una vez tomadas las biopsias, invitaron a estas personas a seguir un programa de entrenamiento dos veces a la semana. Transcurrido el periodo de prueba, volvieron a repetirles las biopsias y… sorpresa: la piel mostraba signos de envejecimiento inverso, es decir, la capa externa se afinaba y la interna aumentaba su grosor, algo que disimulaba notablemente las arrugas y la flacidez no sólo de la cara, sino también de los muslos, los brazos, el abdomen

¿Puedo ponerme en forma a los 50?

Puedes, incluso, estar en mejor forma que en toda tu vida. Un ejemplo soberbio lo encontramos en la historia de la periodista canadiense Margaret Webb a los 49 años seguía fumando, había ganado un buen puñado de kilos y se enfrentaba a la menopausia. Además, estaba empezando a tener pérdidas leves de memoria. Comprendió, entonces, que tenía que hacer algo para derrotar a la vejez, y empezó a preguntarse si era posible que el cuerpo recuperara, a los 50 años de edad, el esplendor perdido.

La escritora convirtió su aspiración en un trabajo de investigación y durante un año se dedicó a entrevistar a especialistas en salud, longevidad y ejercicio físico, así como a atletas que seguían compitiendo a los 80 y 90 años.

Cuando la periodista empezó a practicar ejercicio sentía el miedo a romperse algo, a lesionarse, un miedo que acompaña a todas las personas de edad avanzada cuando empiezan a hacer deporte. Pero enseguida comprendió que, si se entrena correctamente, no hay de qué preocuparse. "La gente dice que correr fastidia tus rodillas", explica. ¡No! Llevar demasiado peso es lo que las arruina".

La escritora recomienda a todas las personas mayores de 50 años que empiecen a hacer ejercicio cuanto antes y, y de paso, se ponga a dieta. Ella, en concreto, empezó a seguir una versión de la dieta paleolítica supervisada por su nutricionista, Kristen Bedard, y logró perder 5 kilos ganando masa muscular.

En un año Webb consiguió estar más en forma que cuando tenía 30 años. Y tiene un consejo para toda la gente mayor: "Ponte una gran meta. La gente es capaz de mucho más que de lo que cree". Para muestra, la historia de Beatty Jean McHugh, una corredora de maratón de 87 años que empezó a correr a los 50 años y logró romper 30 récords mundiales.

Quiero y no puedo

¿Alguna vez has comenzado un programa de ejercicios físicos y poco después la abandonaste? Si tu respuesta es si no está sola... Muchas mujeres, de todas las edades, comienzan este tipo de programas, pero los dejan cuando se aburren o cuando se desaniman al no tener resultados rápidos. Los siguientes consejos, ofrecidos por el conocido experto en liderazgo y motivación, Luis Galindo, pueden ayudarnos a mantenernos motivados:

- **Establece objetivos** ¿Qué quieres conseguir?
- **Comienza lentamente**, con objetivos simples. Tendrás tiempo de ir complicándolos. *The American College of Sports Medicine,* recomienda hacer, al menos, 30 minutos de actividad física casi todos los días de la semana. *The National Academie's Institute of Medicine*, sugiere 60 minutos de ejercicio si deseas bajar de peso.
- **Elige una actividad que se adapte a su estilo de vida** ¿Prefieres hacer ejercicios sola o en grupo? Si prefieres la individualidad puedes disfrutar de caminar o andar en bicicleta. Si te gustan las actividades grupales, considera inscribirse en clases de danza aeróbica, ejercicios acuáticos, caminar o pedalear en bicicleta con un grupo de amigos. Será reconfortante...

- **Varía la actividad.** Intenta cosas variadas para evitar el aburrimiento. Los días en el que el clima sea agradable, realiza en el exterior tus ejercicios de flexibilidad o estiramiento.
- **Toma nota de tus progresos.** Evalúa tu estado físico a intervalos regulares. Llevar la cuenta de sus esfuerzos te ayudará a trabajar para conseguir los objetivos marcados. Te animará a seguir saber que progresas.
- **Se flexible.** Si un día viajas o estás especialmente ocupada no hay problema en adaptar tus ejercicios al programa de actividades marcado. Si tienes una gripe no dudes en tomarte un día o dos, lo importante es retomar el programa cuando te sientas mejor.
- **Repasa estos consejos**, cada vez que sientas que estás perdiendo tu motivación.

Yoga: cuerpo y mente

El yoga nació en la India hace 5000 años. La palabra yoga quiere decir "unir" en sánscrito. Representa, por tanto, la unión del cuerpo y la mente. Practicar yoga te ayuda oxigenar tu cuerpo, bajar de peso y retrasar el proceso del envejecimiento. No solo por sus amplios beneficios físicos sino por los regalos que procura la mente, como la atención o la concentración. Una antigua definición de yoga, entre las muchas que existen dice: "El yoga es la reunificación de las energías dispersas".

Bikram yoga, movimiento, calor y humedad

Entre las opciones de practicar la conocida técnica milenaria, en los últimos tiempos, causa furor esta modalidad para rejuvenecer o recuperar la salud. Hablo del *Hot Yoga* o *Bikram Yoga,* un sistema que Bikram Choudhury creó y popularizó en Estados Unidos, a principios de 1970, de la mano entre otras celebridades, de la actriz Shirley McLain. A España llegó hace poco más de una década y, en este tiempo se ha convertido en la actividad más solicitada para alcanzar el lema latino de las sátiras de Juvenal: *"Mens sana in corpore sano".* Combina calor humedad y yoga condiciones imposibles para algunos, pero veneradas para otros.

Jennifer Aniston, Lady Gaga, Gwyneth Paltrow o el tenista Andy Murray, son algunos famosos que confiesan ser fieles practicantes. Incluso hay instituciones deportivas como la asociación de tenis sobre hierba del Reino Unido (LTA), que confían plenamente en los beneficios del *Bikram yoga* y aconsejan a sus jugadores practicarlo como entrenamiento. Sin embargo, ¿cuánto de efectiva es la práctica del yoga en la batalla antienvejecimiento? La directora de uno de los mejores centros de España en esta modalidad de práctica de yoga nos explica por qué puede volverle la juventud a tu cuerpo: Macarena Cutillas, directora de *Californian Hot Yoga,* "gran parte de la juventud está en la columna, es el motor de nuestra vida, si tienes una columna fuerte y sana, el mudo es tuyo puesto que es la fuente de toda la energía de la vida humana. Podemos hacernos millones de tratamientos faciales, incluso corporales y parecer mucho más jóvenes, pero amiga mía, si caminamos encorvados se nos ve el plumero. Excepto el cerebro y la corteza cerebral todo el sistema nervioso pasa por ella y está protegido por su estructura ósea", explica Macarena Cutillas y añade que con el *Hot yoga* estiramos la columna y creamos un espacio entre las vértebras que elimina la presión en los discos, al fortalecer y desarrollar los músculos de la espalda ayudamos a la atracción natural y humana, y no mecánica, que restablece tu espacio intervertebral de esta manera la columna estará sana y también los nervios que atraviesan.

Aunque el *Hot yoga* produce cambios apreciables en tus músculos, órganos, huesos y columna, también trabaja en lo que llamamos anatomía sutil, renovándote y revitalizándote a nivel celular y cuidando, de manera invisible, cada átomo y molécula.

El *Hot Yoga* limpia tu cuerpo, desde dentro hacia fuera, desintoxica desde la sangre (oxigenándola mediante las torsiones y torniquetes, aumenta el flujo sanguíneo hacia todas las partes del cuerpo) hasta la piel (produciendo una limpieza profunda y tornándola iluminada en la primera sesión).

Hacemos un estiramiento del alma, una renovación de la mente y una construcción del espíritu, la enorme mejoría de la calidad de vida y de tu actitud hacia la misma se reflejará en cada célula de tu organismo, concluye la directora de *Californian Hoy Yoga*.

"Nunca es demasiado tarde, nunca se es demasiado viejo, nunca se es demasiado malo o nunca se está demasiado enfermo para practicar yoga y empezar de cero".

—Bickram Yoga

ⓘ DATO. Los beneficios del *Bikram Yoga* se empiezan a notar al recibir un mínimo de diez clases al mes, ya que el cuerpo necesita entender las posturas y trabajarlas.

Las clases, con una duración de noventa minutos cada una, consisten en una serie de veintiséis posturas o asanas, escogidas del yoga tradicional, más de dos ejercicios de respiración.

La clave para su práctica, es hacerlo en una sala acondicionada al calor con 40.6 °C y una humedad del 40%.

Lo pueden practicar personas de cualquier edad, peso y complexión; no es necesario tener flexibilidad o buena condición física, simplemente tener constancia, marcarse retos para mejorar y creer en ello.

Pilates. La gimnasia inteligente

Hoy en día, la técnica del pilates ha supuesto el mayor *boom* en la historia del *wellnes*. Un método creado por el alemán Joshep Pilates, durante su internamiento como enfermero en el hospital de un campo de concentración. Al estallar la Primera Guerra Mundial, Pilates cayó prisionero y fue, entonces, cuando desarrolló una serie de rutinas en el suelo que demandaban equilibrio, flexibilidad, fuerza, agilidad y concentración para realizarlas correctamente.

Durante el tiempo que estuvo cautivo pudo poner en práctica estos ejercicios y, curiosamente, ninguno de los internos que los habían practicado sucumbió a la gran epidemia que mató a cientos de ingleses en 1918. Al emigrar a Nueva York, en los años 20, comenzó a difundirlo entre los bailarines consiguiendo un gran éxito fulgurante. Exponentes de gran prestigio como Marta Graham o George Balanchine, comprobaron que, gracias al método pilates, se recuperaban con mayor rapidez de las lesiones. Este sistema de ejercicios empezó a expandirse en España hace poco más de 10 años. "No podemos hablar de que sea una moda porque, en Estados Unidos, ya tuvo su expolisón mucho antes —Aclara Alfredo Moya presidente de la Federación española de pilates y Tai chi— sirve, prácticamente, para todo el mundo. Y, además, se valen de él, bailarines, atletas y deportistas de todo tipo. "Sin ir más lejos, tanto el excentral del F. C Barcelona, Carles Puyol, como el tenista Rafa Nadal o la bailarina Tamara Rojo, no tienen reparo en afirmar que aplican técnicas de pilates para minimizar sus problemas físicos", concluye Alfredo Moya. Practicado por millones de personas en todo el mundo este método de acondicionamiento físico puede ayudarte a recuperar el cuerpo que tenías cuando eras joven solucionar definitivamente tus problemas de espalda y sentirte fuerte ágil y flexible "en 10 sesiones sentirás la diferencia; en 20 sesiones verás la diferencia y en 30 sesiones te cambiará el cuerpo", dejó dicho su creador.

Pilates trabajaba en la musculatura profunda, lo que permite deshacer los malos hábitos posturales, tonificar y alargar los músculos—lo que mejora rápidamente el aspecto físico—y recuperar la fuerza, la flexibilidad, la movilidad y la energía perdidas con la edad y el sedentarismo.

Pilates, promete:

— Recuperar la fuerza y la flexibilidad.
— Desbloquear cuerpo y mente.
— Estilizar y mejorar tu aspecto.
— Recuperar energía.
— Evitar los dolores de espalda.

¿Puede el pilates, como decía su creador, rejuvenecer el cuerpo? Para Gema Oneto, directora del centro pilates *Body & Soul*, no hay duda: "Si. El pilates trabaja la musculatura profunda, lo que permite desarticular todas aquellas partes de nuestro cuerpo que necesitan un cambio, que se han ido " estropeando " con los años, las malas posiciones y los malos hábitos se tonifica los músculos más profundos y se alargan los músculos periféricos. Además de crear una espalda sana, pilates fortalece como ningún otro método el cinturón abdominal, sobre todo el transverso abdominal, que es la musculatura más profunda, y los músculos periféricos (recto abdominal y oblicuos). Con el método pilates se reeduca realmente la postura. Esto, unido a la tonificación y alargamiento muscular, hace que el cuerpo se estiliza y mejore su apariencia. Además, se rejuvenece por dentro porque se recupera la fuerza, la flexibilidad, la movilidad y la energía, cualidades que se van perdiendo con la edad y el sedentarismo".

El *running* está de moda, ¡sal a correr!

Correr, lo que ahora se llama *running* y que en nuestros orígenes paleolíticos era la diferencia entre un humano vivo y otro muerto de hambre, nos mantiene más jóvenes.

Gran parte de su éxito reside en que se puede practicar a cualquier hora, sin estar sujeto a los horarios del gimnasio, y en la sencillez que supone calzarse unas deportivas y lanzarse a la calle. Sin embargo, hay que tener en cuenta una serie de pautas para que la rutina no se vea suspendida y el entrenamiento no sea perjudicial para el cuerpo.

Correr es una cosa, practicar *running* de manera correcta es otra muy diferente. Por ello, Iñaki García, entrenador de personajes populares de nuestro país, lo aclara: "Correr bien y correr rápido es una habilidad, no es algo con lo que se nace. Y como cualquier habilidad se puede enseñar".

- **Mirada y posición de la cabeza:** lo ideal es alinear la cabeza con nuestra columna vertebral. Un error común es correr con los hombros excesivamente contraídos. Estos deben ir relajados, ya que la mayor parte de la fuerza la ejerce el tren inferior.

- **Flexión de los brazos:** otro de los errores habituales es la posición de los brazos: deben tener la flexión de 90°, aproximadamente, y la línea debe ir desde el pecho a la cadera.

- **Posición de cadera:** debe permanecer elevada y alineada con el centro de gravedad. Un fallo frecuente en los corredores populares es percibir como la cadera se les va cayendo hacia abajo, durante la carrera.

- **La pisada:** es importante trabajar la huella. Tenemos que apoyar la zona del metatarso, evitar caer excesivamente de puntillas, y mucho menos, talonar. Este es otro de los errores más comunes.

Para practicar este deporte de forma adecuada, el equipo de *coach* de la firma *Krissia,* nos ofrece una serie de consejos para sacar el máximo rendimiento al entrenamiento y evitar tanto las lesiones como los errores más comunes.

- **Paciencia**: correr es una disciplina bastante agresiva debido al gran número de contactos que ay en el suelo. En las primeras salidas es normal no encontrarse cómodo. Se necesita un periodo de adaptación que puede durar alrededor de un mes; después, se empieza a estar a gusto durante los entrenamientos.

- **Avance progresivamente**: sobre todo, aquellas personas que son sedentarias. Lo ideal es comenzar intercalando la carrera y el paseo, es decir, correr un minuto y caminar tres.

- **Control del peso**: es importante cuidarnos en todos los aspectos y no solo hacer ejercicio. Combinarlo con una alimentación equilibrada nos permitirá, en poco tiempo, comenzar a perder kilos. En caso de que una persona nunca haya corrido, y además tenga sobrepeso, la recomendación es hacer elíptica o bicicleta estática antes de comenzar a correr.

- **Elegir bien el material:** correr es uno de los deportes más baratos que existen. La equipación debe incluir mallas y camiseta transpirable, pero, sobre todo, unas buenas zapatillas. Lo ideal es recibir asesoramiento en una tienda especializada, ya que el calzado debe adaptarse al peso y la pisada de cada persona.

- **Fortalecer los músculos:** además de correr, es importante fortalecer la musculatura. Lo ideal es combinar *running* con ejercicio de gimnasio y visitar frecuentemente el fisioterapeuta para descargar los músculos si llevamos muchos entrenamientos.

- **Adaptar la técnica**: cada persona tiene una forma distinta de correr. Es necesario adaptar la técnica de carrera a las características de cada uno.

¡Anticípate! Entrena durante años

Por sus muchos beneficios en el presente, pero, sobre todo, por los que nos aseguramos para el futuro, el hábito de correr —a pesar de haber rebasado los sesenta— aumenta la eficiencia energética del cuerpo y la hace comparable a la de un veinteañero. Eso es lo que indica un estudio que ha analizado el consumo energético del cuerpo humano durante el ejercicio, como si se tratara de una máquina.

Los resultados indican que: personas sexagenarias y septuagenarias que han corrido durante décadas, mantienen una mayor eficiecia energética, comparable a la de personas de 20 años. Sin embargo, gente de esa misma edad que camina como forma de ejercicio, no tiene un organismo tan eficiente.

"Correr te mantiene joven", resume Rodger Kram, fisiólogo de la Universidad de Colorado y uno de los autores del estudio. Su trabajao ha analizado la eficiencia energética de un grupo de personas atípicas, como el mismo reconoce. Son gente de entre 64 y 74 ños que corre, al menos, media hora tres veces por semana desde hace años e incluso décadas. Son, según Kram, herederos del llamado *jogging boom,* la moda de correr que comenzó a finales de los sesenta en países como Estados Unidos y que multiplicó el número de carreras populares, maratones televisados, publicidad de zapatillas y todo tipo de accesorios para el deporte.

La música, un plus de energía

Según la revista *Scientific American,* escuchar música para entrenar, aumenta el rendimiento físico hasta un 20%... "Además de que brinda una mejor perspectiva sobre el entrenamiento, pues lo considera más sencillo", según explica Mark A. Andrews, del departamento de fisiología del colegio Lake Erie. Al respecto, los especialistas refieren que la música aumenta, no solo el rendimiento, sino la sensación de alerta debido a que contribuye a la segregación neuroquímica (neurotransmisores) que impulsa el estado de ánimo, así como de sustancias opiáceas, que vinculan con el placer y la euforia.

"Casi todos hemos experimentado el alivio que, la música, aporta al entrenamiento: aumenta la motivación, distrae el cansancio y el tiempo de entrenar se hace más corto".

El ejercicio aeróbico y las funciones fisiológicas básicas, como la respiración y el latido del corazón, constituyen, al igual que la música, actividades rítmicas. Dado que nuestro organismo está habituado a ritmos, las influencias de sonidos acompasados nos ayudan a organizar nuestros movimientos físicos. En el caso de un ejercicio aeróbico, parece que una métrica sencilla y rápida es importante. Según investigaciones, el *heavy metal,* el pop rápido o el hip-hop son géneros idóneos para estimular el sistema nervioso y facilitar a conducta física y la expresión corporal, lo cual se traduce en un mayor rendimiento físico. La bendita culpa la tienen: la percusión y el bajo.

Respira, bosteza y duerme. Tres gestos básicos que colaboran definitivamente en tu bienestar

Respiración: hálito de vida

Conectarte con tu respiración y practicarla de forma consciente cada día, te proporcionará numerosos beneficios físicos y por supuesto, estéticos. Contribuye al rejuvenecimiento con una mayor oxigenación, un impacto directo en las glándulas pineal y pituitaria: además de equilibrar la acción de los radicales libres. La piel, que se vuelve más suave y se retrasa la aparición de arrugas y líneas de expresión.

La respiración está regulada por el sistema nervioso, podemos influir voluntariamente en ella, variando su ritmo y profundidad a través de una adecuada técnica de respiración. La misma está vinculada a nuestra salud física y psíquica debido a que varía a consecuencia de nuestro estado de ánimo.

Beneficios de la respiración profunda y lenta

De acuerdo con estudios realizados por el *Stanford University Medical Center,* aprender una adecuada técnica de respiración no solo eleva los niveles de relajación, también reduce el estrés en pacientes con enfermedades como el cáncer. Además, es parte del tratamiento para dichos padecimientos por otros efectos que esta tiene.

- **Aumenta el oxígeno en la sangre.** Según los investigadores de la Universidad de Iowa, Estados Unidos, un manejo adecuado de una técnica de respiración, como la yógica, que optimiza el funcionamiento del sistema nervioso; incluye nervios, centros nerviosos, columna, así como la actividad cerebral y capacidad motora.

- **Mejora la digestión.** Respirar adecuadamente permite una mejor capacidad de digerir y asimilar los alimentos. El estómago aumenta su capacidad de trabajo y su rendimiento, por lo que se reducen síntomas como la inflamación, irritación, gases y/o estreñimiento.
- **Estimula la circulación.** A través de los movimientos del diafragma durante los ejercicios de respiración profunda, los óranos abdominales (estómago, intestino, hígado y páncreas) reciben un mensaje, tal y como el que brinda el movimiento de la parte superior del diafragma al corazón, masajes que estimulan la circulación sanguínea.
- **Control de peso.** De acuerdo con el *International Journal of Yoga* si se tiene exceso de peso el suministro extra de oxígeno con una técnica de respiración como la del yoga, ayuda a quemar grasas. Por el contrario, cuando se trata de bajo peso, el oxígeno alimenta los tejidos y glándulas y ayuda a ganar más.
- **Reduce la carga de trabajo al corazón.** Produce un corazón más eficiente y más fuerte, que funciona mejor y dura más tiempo. También se traduce en una tensión sanguínea reducida y una probabilidad menor de sufrir una enfermedad cardíaca.
- **La respiración lenta, profunda y rítmica provoca un estímulo reflejo del sistema nervioso parasimpático.** Esto produce una reducción de los latidos del corazón y una relajación de los músculos. Como el estado de la mente y el cuerpo están muy relacionados

entre sí, estos dos factores producen a su vez un reflejo de relajación de la mente. Además, una mayor oxigenación del cerebro tiende a normalizar la función cerebral, reduciendo niveles excesivos de ansiedad. Sin duda, respirar de forma natural y calmada resulta una excelente terapia antiaging.

¿Cómo respiras?

Una respiración adecuada debe partir siempre de la nariz, órgano responsable del calentamiento, limpieza y humedecimiento del aire que entra y continua, en condiciones satisfactorias, hacia los pulmones. Es necesario mantener los labios cerrados sin tensión, para que esa inspiración seguida de la espiración tenga lugar siempre por la nariz oxigenado por el organismo, revitalizándolo y al mismo tiempo manteniendo un aparato orofacial con una musculatura firme y activa.

Respira en 4 gestos

La respiración debe ser suave, profunda, rítmica y placentera; nunca forzada.

La respiración está compuesta por cuatro fases:

1. **Inspiración.** Tomamos aire lentamente por la nariz y lo llevamos al abdomen, luego al medio abdomen y por ultimo al pecho. De forma natural se expande el vientre haca fuera y las costillas.
2. **Retención.** Lo retenemos unos segundos.
3. **Espiración.** Soltamos lentamente; primero el aire del pecho, luego el del medio abdomen y por último el de debajo del abdomen.

4. **Descanso**. Los músculos y el aparato respiratorio se relajan durante unos segundos antes de volver a empezar.

Durante el proceso es necearía una posición cómoda y no mover el pecho ni los hombros. El ritmo para realizar este ciclo dependerá de la que queramos conseguir. Para relajarnos bastan con dos segundos en la inspiración, un segundo en la retención, dos segundos en la espiración y un segundo en el descaso. Pero si lo que quieres es una buena tonificación corporal y mental empieza practicando un ritmo de 6:3:6:3 para acabar realizando un 8:4:8:4 que es el ritmo perfecto para alcanzar numerosos beneficios.

Practica

Concéntrate en tu propia respiración. Respirar bien ayuda a relajarse:

- Inspira profundamente por la nariz durante cinco segundos y espira otros cinco. Usa esta técnica durante cinco minutos, al menos una vez al día.
- Respira lenta y pausadamente para que el aire llegue a lo más profundo de la cavidad abdominal.
- Expira el aire profundamente: la musculatura abdominal y torácica se contraerán.

Cuantas más veces respiremos conscientemente, antes podremos sentir como se eliminan estas tensiones y el estrés, y como consigues vivir con mayor serenidad. Con el tiempo esta forma de respiración se convertirá en una costumbre más.

Rejuvenece mientras duermes

¿Cuántas veces has escuchado que el truco de belleza de una *top model* es dormir un mínimo de 8 horas? Créetelo, porque entre las once de la noche y las cuatro de la mañana, el flujo sanguíneo aumenta en la piel, favoreciendo la eliminación de toxinas, aportando los nutrientes para la recuperación celular y absorbiendo con mayor eficacia los beneficios de los tratamientos antiedad. Dormir bien es indispensable para prevenir el envejecimiento precoz, mantener una piel radiante y controlar el exceso de peso.

i **DATO**: Relacionado con el hambre y la ansiedad, un estudio reciente publicado en *Annals of internal Medicine*, revela que la falta de sueño aumenta los niveles de grelina (hormona encargada de activar la sensación de hambre) y disminuye la leptina (que ayuda a saciar antes).

Regeneración significa reactivar el desarrollo celular para restaurar tejidos. En el caso del ser humano, la regeneración celular sucede todos los días porque existe una suerte de mudanza de células viejas por nuevas en prácticamente todo el cuerpo.

Pues así es, nuestro organizamos está programado para dormir de noche, y es solo durante este periodo —entre siete y ocho horas, preferiblemente— cuando el sueño realiza correctamente todas sus funciones. En brazos de Morfeo, la piel se recupera de las agresiones del día y se produce el poderoso efecto de la regeneración de tejidos. El flujo sanguíneo cutáneo aumenta, la respiración se estabiliza, la piel se oxigena mejor y la epidermis está en su mejor momento para absorber nutrientes y cuidados. Nada mejor para la regeneración celular que genera un excelente descanso.

Sigue la "higiene del sueño"

El secreto no es otro que prepararnos para ir a dormir. Todos los expertos son unánimes: "la cama está para dormir, pero no para ver películas ni para leer, ni para revisar WhatsApp, ni para comer o trabajar con el ordenador ". "Una vez que respetamos este acuerdo unánime hay que prepararse para que llegue el sueño: la norma principal es mantener un periodo de no—actividad de, al menos, veinte minutos, para facilitar la relajación. Evitar excitantes seguir un horario más o menos regular. Esto es lo que llamamos la higiene del sueño y la forma de curar un insomnio ocasional o pasajero", aconseja Rojas Marcos. Por su parte, Estivill escribe en *Que no te quiten el sueño* (Ed. Planeta): "Mucha gente utiliza el teléfono móvil justo antes de dormir o apagar el ordenador antes de acostarse y esas actitudes causan el mal dormir ne gran medida.

Para cambiar la situación, Eduard Estivill, propone una serie de medidas higiénicas que nos pueden ayudar a construir el ambiente necesario para permitir que el sueño llegue:

- Mantener unos horarios regulares para la hora de acostarnos y despertarnos.
- Procurar que nuestro dormitorio sea confortable y evitar tener aparatos electrónicos.
- No llevarse el trabajo a casa. Hay que utilizar el dormitorio para dormir y no para trabajar.

- Alimentarse adecuadamente, evitando cenas abundantes y tomando ensaladas, verduras o pastas.
- Evitar el ejercicio fuerte antes de acostarse.
- Eliminar el consumo de sustancias estimulantes seis horas antes de irse a la cama.
- Establecer horarios regulares para las actividades cotidiana.
- Seguir una rutina previa al acostarse que nos ayude a desconectar, como practicar yoga o tomar un baño caliente.
- En esas dos horas previas al sueño, hay que desconectar móviles y ordenadores.

Melatonina, la hormona de la juventud

La melatonina es una hormona natural segregada por la glándula pineal, que interviene o está presente en infinidad de procesos del organismo; posee un papel importante en el envejecimiento del cuerpo, el sistema inmunológico y la actividad sexual.

Aunque esta hormona se identificó hace casi medio siglo ha sido en los últimos años cuando ha pasado del anonimato absoluto, a convertirse en una estrella de los complementos y tratamientos antiedad. Hace ya quince años que Walter Pierpaoli, uno de los más reconocidos investigadores sobre antienvejecimiento de todo el mundo, presentó los resultados de un trabajo que el suministro de la melatonina prolongaba —en un 15%— la vida de los ratones.

La producción de melatonina va disminuyendo en nuestro organismo con el paso de los años, pues la glándula pineal pierde efectividad y su funcionamiento se ralentiza a medida que vamos cumpliendo años. Por este motivo, utilizar complementos de esta hormona puede ser una solución, pero debemos ser cautas y no abusar de su consumo, a pesar de tener infinidad de virtudes pueden sernos de gran utilizad con el tiempo.

Alimentos que te ayudan a dormir:

- **Ricos en melatonina:** avena, cereza, maíz, vino tinto, tomate, patata, nuez, plátano, mostaza, baya de Goji, aceitunas, cilantro e hinojo.
- **Ricos en triptófano:** tofu, almendras, semillas de calabaza, sésamo y leche.

- **Ricos en B6:** lentejas, plátano, pipa de girasol y alcachofa

Bosteza, ¡no te cortes!

El hombre, como todos los mamíferos, incluso los menos evolucionados, bosteza, recuerda el doctor Pascal Corlieu, del hospital parisino Cochin. "No es sólo señal de fatiga o aburrimiento. Los bostezos — continúa provocan una sensación de bienestar que puede estar relacionada a una liberación por el cuerpo de sustancias naturales agradables: las endorfinas".

La mera intuición lleva a pensar que el bostezo ha de tener alguna utilidad. Si la evolución lo ha conservado durante miles de años, por algo será. Estas son algunas teorías que explican su existencia:

- **La teoría de la oxigenación.** Viene de muy lejos. Ya la aventuraba Hipócrates, quien pensaba que bostezar servía para ayudar a eliminar el aire nocivo que acumulamos. De una forma más moderna, no le falta sentido: cuando disminuyen los niveles de oxígeno (lo que tiende además a provocar somnolencia), el bostezo serviría para inyectar una dosis rápida que permitiría contrarrestarlo.
- **La teoría de la activación.** La mayor parte de los bostezos ocurre antes y después del sueño, o cuando nos sentimos adormilados. Al bostezar, mejoraría nuestro nivel de alerta: el cerebro le intenta decir al cuerpo: "no duermas, mantén la vigilancia".
- **La teoría de la temperatura.** ¿Bostezas? Tal vez se debe a que tu cerebro está que arde. Bostezar ayuda a mantener la cabeza fría. A esta conclusión ha llegado un nuevo estudio de Gary Hack, de la Facultad de

Odontología de Maryland en Baltimore y su coautor Andrew Gallup, de la Universidad de Priceton. Los científicos, sugieren que al bostezar se expanden y contraen las paredes del seno maxilar para bombear el aire al cerebro, lo que hace disminuir su temperatura. Ubicado en nuestros pómulos, el maxilar es una de las cuatro cavidades más grandes en las cabezas humanas. "Al igual que los ordenadores, el cerebro humano es muy sensible a las temperaturas y debe permanecer fresco para operar eficientemente", advierte Hack.

"Nuestro estudio da soporte a la hipótesis termorreguladora del bostezo, que propone que abrimos la boca cuando la temperatura del cerebro aumenta y que la consecuencia fisiológica es que nuestras neuronas se enfrían", añade Gallup. Al bostezar, el estiramiento de la mandíbula aumenta el flujo de sangre al cerebro, y la inhalación de aire más frío que el organismo permite el intercambio de calor en el entorno. "Es una ventana térmica", añade el investigador, que advierte que bostezar cuando hace mucho calor en el exterior podría ser contraproducente.

Otras funciones del bostezo:

— El bostezo induce la liberación de la prostalgina, que reduce la propensión a dormirse.
— La inspiración torácica que supone la acción, activa la circulación linfática y algunos investigadores atribuyen al bostezo una función inmunitaria.
— En la intensidad del bostezo, el tímpano se aire y facilita que desconectemos auditivamente del ambiente, además de relajar los músculos de la faringe y la laringe.

Mente

Gestión emocional, tu *lifting* sin cirugía

Dos estudios aparecidos en el diario *Psychology and Aging,* señalan que determinados factores psicológicos, como las emociones y los estereotipos negativos, pueden acelerar el envejecimiento. Y esto lo sabemos gracias a la doctora Elizabeth Blackburn (ganadora de un Premio Nobel de medicina y fisiología). Sentirse víctima, culpable y rechazar lo que eres, criticarte a ti mismo y no quererte provoca que tus células se desnutran y se marchiten rápidamente. Que los disgustos y miedos nos envejecen, es una cuestión científica.

Pensamientos, conductas y actitudes son claves en nuestro bienestar: "Nuestras emociones, las cuales son generadas por nuestros pensamientos, liberan hormonas que pueden ser favorables o perjudiciales para nuestro organismo. Cada pensamiento genera una emoción y las emociones movilizan un ciclo hormonal". Así lo explica el doctor Juan Hitzig, profesor de la Universidad Manimónides y reconocido gerontólogo dedicado a estudiar las causas de la longevidad saludable. Explica el experto que el pensamiento es un evento energético que transcurre en una realidad intangible pero que rápidamente se transforma en emoción, un movimiento de neuroquímica y hormonas que cuando es negativo hace colapsar a nuestro organismo físico en forma de malestar y envejecimiento precoz.

La tristeza, por ejemplo, envejece el cuerpo y el rostro. La queja, lejos de servirnos de válvula de escape, aumenta nuestro malestar, nos debilita y favorece un envejecimiento prematuro. Una aflicción pertinaz termina instalándose en el alma y esculpiéndose el rostro.

La mayoría de los estados de ánimo negativos están enraizados en pensamientos y en nuestras pautas habituales de reflexión. Tendemos a no ser conscientes de esta conexión y no estamos entrenadas para modificarla, explica el doctor Andrew Weil en su libro *Las claves del antiaging* (Espasa).

No dejes que las emociones te envejezcan y te estresen la piel: ¡aprender a gestionarlas y rejuvenece! Daniel Goleman define la conciencia emocional como la capacidad de reconocer nuestras emociones y sus efectos comprendiendo los vínculos existentes ente nuestros pensamientos, sentimientos, palabras y acciones. ¡Se impone por tanto la plena consciencia, un método antiaging, totalmente natural!

Buena, bonita y barata: así es la risa

Una fuente de optimismo y bienestar al alcance de todas. Cuando nos reímos, nuestro organismo segrega endorfinas. Pero también liberamos adrenalina, dopamina y serotonina. Motivo por el cual, la risa incrementa la creatividad, la agilidad mental y combate la ansiedad "La risa es un regalo misterioso de la naturaleza que va incluida en nuestro equipaje al nacer", explica el psiquiatra Luis Rojas Marcos.

Nos permite, además, tratar con ingenio situaciones disparatadas, contrarrestar experiencias de emociones negativas y afrontar, con ironía, nuestros fracasos. Reírse de sí mismos es una acción bienhechora para sí y para los demás, entre otras poderosas razones porque hace revivir la indulgente y rigurosa sensación de tener asegurada nuestra diversión por mucho tiempo y en beneficio de todos.

Sigmund Freud atribuyó a las carcajadas el poder de libertad al organismo de energía negativa algo científicamente demostrado al descubrir que el córtex cerebral libera impulsos eléctricos negativos un segundo después de comenzar a reír. Una función biológica, necesaria para mantener el bienestar físico y mental. Por ello, la novísima ciencia dentro del campo de la medicina, psiconeuroinmulogía, nos invita a evitar la tristeza y la depresión, ya que puede ser "la escotilla por donde se deslicen un maremoto de virus y bacterias, la risa es el disolvente universal de todas las preocupaciones". Cuando nos reímos de verdad no podemos estar preocupados, son estados antagónicos. Un estudio de la universidad de Stanford (EEUU) confirma que, igual que la cocaína, un chiste activa los mecanismos de recompensa del cerebro. Y nos iremos a comparar

Otra investigación del *University College* de Londres ha descubierto que nuestro cerebro está diseñado para la interacción social; por eso cuando escuchamos una carcajada o vemos un rostro feliz se activan las llamadas neuronas espejo, unas células muy sensibles a los estímulos positivos que nos hacen responder de una manera igualmente de alegre. El psicólogo norteamericano Paul Ekman cree que una de las razones por la que nos sentimos atraídos hacia las personas que sonríen es porque afectan directamente a nuestro sistema nervioso autónomo. Cuando vemos una cara sonriente, inevitablemente, sonreímos y esa acción reflejada tiene la capacidad de liberar endorfinas en nuestro organismo que es lo que Allan Pease, en su libro, domina "los propulsores del buen humor". Quizá ese sea el motivo por el que uno de los video s más vistos en YouTube responde al título "bebé riéndose".

> *"Los profanos en estas cosas se sentirán sorprendidos al saber que en el campo de concetración hacia sentido del humor. El humor es una de las armas con las que el alma lucha por la supervivencia. Yo mismo entrené a un amigo que trabajaba a mi lado a inventarse cada día una historia divertida sobre algún incidente que pudiera suceder al día siguiente de nuestra liberación".*
>
> —Víctor E. Frankl

Otro estudio, en esta ocasión realizado por el Instituto Marx Plank de Berlín, en 2011, asegura que las personas con semblantes risueños parecen más jóvenes. Además, la risa disminuye el nivel de cortisol que es la hormona del estrés. Lo afirman las psicólogas Tara Kraft y Sara Pressman, en una investigación de 2012, en la que descubrieron que la sonrisa, aunque sea forzada, nos hace más resistentes al estrés tanto psicológico como físico.

Sonría: ¡tratamiento flash!

El efecto es inmediato. No existe tratamiento cosmético, ni efecto flash más efectivo. La sonrisa multiplica indefinidamente la belleza, sin embargo, el ceño fruncido afea y deforma. Un rostro que no tenga todas las proporciones exigidas por la belleza, pero que se nos manifiesta radiante con una sonrisa es, por encima de todo, aún de los cánones estéticos siempre bellos. El cerebro emite una información necesaria para activar la segregación de endorfinas: las encefalinas. Estas sustancias que poseen unas propiedades similares a las de la morfina, elevan la autoestima, experimentan una sensación de euforia y te hacen sentir animada, alegre y vigorosa. Términos estrechamente relacionados con la juventud.

Optimismo

No podemos hacer desaparecer los problemas, pero saber afrontarlos positivamente puede ayudarnos a llevar una existencia mucho más apacible y en consecuencia no precipitarnos de cabeza al proceso de envejecimiento

---
💡 CONSEJO

Afrontar las dificultades con una buena cara buscar el aspecto positivo de nuestra realidad, es también un eficiente tratamiento antiedad.

El optimismo no tiene la capacidad de mejorar las cosas, pero si nos permite verlas con otros ojos. Y es que, la dicha o la desdicha no dependen tanto de los avatares del día a día, como del significado que les damos. Un hecho que advirtió Miguel de Unamuno en *Del sentimiento trágico de la vida*: "Reflexionar sobre la influencia de que ciertos pensamientos tienen sobre nuestras emociones y conductas para ayudar a ser menos pesimistas".

Ser optimista no significa: ponerse una venda en los ojos, la perdida de objetividad y no es una postura ilusa e idealista.

Nada tiene que ver con la ausencia de problemas sino con la habilidad para hacerlos frente. La persona optimista no es una ingenua ni se deja llevar por ideas prometedoras. Una actitud optimista no es hacerle alarde de seguridad en uno mismo tomando decisiones a la ligera, eso es imprudencia.

El optimismo es un estado de ánimo que nos predispone para la acción.

> *"Para que pueda surgir lo posible, es preciso intentar una y otra vez lo imposible".*
>
> —Herman Hesse

La alegría de vivir

El rostro refleja, como ninguna otra zona del cuerpo, el paso de los años y de la fatiga, pero también la alegría y las ganad de vivir. Las personas que están siempre preocupadas o tristes ven su cara marcada de forma permanente con arrugas en la frente, entrecejo y comisuras, por no hablar de su mirada, pues esta actitud apaga su rostro y les resta cualquier atractivo. Asimismo, la excesiva preocupación o el pesimismo tienen reflejo en los efectos del mal descanso (bolsas, ojeras) en el porte y en la presencia dela persona. "Suelen tener una actitud corporal hundida, con los hombros caídos y la mirada perdida", argumenta la experta de Quererterbien.com.

La alegría es una emoción intensa, positiva y gozosa, que nos ayuda a vivir la vida con más ligereza: emoción primordial, gratuita y generosa. Un arrebato de energía positiva que puede legar a constituir una experiencia cumbre llamada éxtasis. Fernando Savater escribía en *Ética para Amador* que la alegría es un "sí" espontáneo de la vida que nos brota de dentro y a veces cuando menos esperamos. Un sí a lo que somos, o mejor, a lo que sentimos ser. La máxima gratificación que puede darnos algo es alegría. Quien tiene alegría ya ha recibido el premio máximo y no echa de menos nada. No supone la obtención de ganancias ni de posesión de objetos, sino un estado de satisfacción que lleva a la persona a realizar hechos espléndidos y generosos, a ofrecer su buena energía a todos cuanto les rodean.

"Si exagerásemos nuestras alegrías, como hacemos con nuestras penas, nuestros problemas perderían importancia".

—Anatole France

⬇ INFORMACIÓN ADICIONAL

Por la compra de este libro, descárgate de forma gratuita: *Magnet Toques y retoques*, donde María José Bosch te da más consejos y trucos de belleza que ayuden a permanecer joven, ademas de facilitar sus direcciones favoritas.

http://elartedepermanecerjoven.guiaburros.com/contenidoadicional

El miedo

Agrega tu particular pesadilla. Tú y yo, que disponemos de un variado catálogo de ellas. ¿Cuántas de nosotras no vivimos ocasional, yo permanentemente, con esa emoción paralizante? Me atrevería a decir que todas.

Sentimos miedos irracionales, excesivos, demasiados intensos, demasiado largos, responsable de la gran mayoría de nuestras limitaciones. El miedo, sin duda, nos protege de los peligros, pero el temor a sentirlo puede ser tan dañino como sus causas. Los temores que no responden a una amenaza real suele gestarse en el asado, de las vivencias negativas que un día ocurrieron o de proyectarse a un futuro incierto. "Vivimos entre el recuerdo y la imaginación, entre los fantasmas del pasado y fantasmas del fututo, reviviendo peligros viejos e inventando amenazas nuevas, confundiendo realidad e irrealidad.

¿Qué harías si no tuvieras miedo?

Muchas mujeres viven gobernadas por el miedo, se aferran a personas y circunstancias que están muy lejos de hacerles felices. Pero dominadas por el miedo temen arriesgar, experimentar cosas nuevas les sumerge en un mar de inseguridades en que resulta imposible nadar.

La mala gestión de esta emoción puede hacernos huir y escondernos de aquellas cosas que realmente deseamos: ofertas laborales, viajes frustrados... experiencias que dejamos pasar, simplemente porque no nos atrevemos a realizarlas. Y creo que, en términos generales, hay un momento en la biografía de todas nosotras en la que las experiencias vividas, pueden chocar con nuestras viejas estructuras e ideas, y comenzamos a hacernos preguntas, ¿es esto lo que quiero?, ¿estoy satisfecha con mi vida?

¿Te has preguntado alguna vez qué harías si no tuvieras miedo? Hazlo ahora, vamos Deja volar tu imaginación: ¿qué harías? ¿Cómo sería tu vida si el miedo no consiguiera paralizarte? Piénsalo. Dedícale solo unos segundos, sin que nada te lo impida. Haz una lista de las limita iones que provocan tu miedo; que mundo te impide conocer, que personas te obliga a evitar, que actividades dejas de realizar. Es probable que te sorprendas. Interpretar los retos como amenazas, significa ver los desafíos en relación con sus posibles consecuencias negativas en vez de las positivas haciendo más énfasis en que puedes perder en lugar de dar una oportunidad a lo que podrías ganar.

En los momentos que te sientas presa del miedo y del desconcierto, no te dejes llevar por la corriente, intenta descubrir el origen de ese miedo, su finalidad y de qué manera contribuye a que no puedas comprometerte con tu vida, tus deseos o necesidades.

> *"El miedo está siempre dispuesto a ver las cosas peores de lo que son".*
>
> —Tito Livio.

Miedo y creencias

"A las personas no les perturban las cosas que le suceden, sino la percepción que tienen las cosas que les pasan". Más o menos, con esta reflexión, hace un par de millones, Epiceto solía recomendar a sus discípulos que se guiaran por los hechos y no por los prejuicios:

La mayoría de nosotras experimentamos el miedo como una señal de alarma que nos dice: ¡Peligro! Y sin más, salimos corriendo. Sin embargo, sería más conveniente intentar descifrar la señal y considerar qué quiere decir nuestro temor a cambiar de trabajo o buscar uno nuevo, un examen o la reunión con el jefe el próximo lunes. Qué se esconde detrás de ese miedo, a echarnos en brazos de quien amamos ¿de que naturaleza es este peligro? ¿Es presente o pasado? ¿Es real o imaginario? Si sientes miedo, tal vez estás viendo la situación como una amenaza. Prueba a verla como un reto que quieres superar. El miedo a lo desconocido afecta profundamente nuestras creencias, nuestros comportamientos y nuestra percepción del bien y del mal escribe Rush W. Dozier en *El miedo mismo*.

El pánico a lo que llegará puede paralizar nuestro presente. Este miedo al futuro es un fantasma capaz de hacer caer la bolsa en picado, detener fábricas y mandar al paro a miles de personas. Según el pensador hindú Jiddu Krishnamurti para desactivar cualquier temor, el único instrumento eficaz es nuestra capacidad para comprenderlo. En lugar de oponeros a él, debemos analizar las reacciones que genera en nosotros, al observar fríamente lo que nos asusta, nuestro temor adquiere unas dimensiones proporcionadas, sin la inflación al pánico anticipatorio, explica el investigador Miralle. Nos invita a preguntarnos: ¿Qué podría pasar en el peor de los casos? Quizá entonces veamos que el resultado no es tan terrible como para que nos angustiemos de ese modo. Podemos, incluso, plantear alternativas que llevaríamos a cabo en caso de que nuestro temor se hiciera realidad. Algo, que nos producirá cierta seguridad, y que, en consecuencia, menos pánico.

¿Miedo a envejecer? ¡Con el tiempo a tu favor!

Cultivar el miedo a envejecer provoca nuestras arrugas en el rostro. Y nada más tensa la piel que los pensamientos positivos y alegres. Una verdad del saber popular, más necesaria que nunca, a juzgar por la información publicada por la revista Science: Pronto se podrá romper la mítica barrera de 120 años. En dos décadas una de cada dos persona tendrá más de 65 años. En el último siglo la longevidad se ha duplicado y, según ha declarado en diferentes ocasiones el reconocido cardiólogo Valentín Fuster, la edad lógica del ser humano a corto plazo puede ser de más de 150 años.

Una esperanzada noticia, llena de contradicciones. Porque a todo el mundo le alegra conocer esta previsión, pero nadie quiere envejecer. Todas nosotras conocemos a mujeres que se sienten fatal ante la tarta de cumpleaños. Esto sucede sobre todo cuando asociamos el paso del tiempo con imágenes negativas, nos afirmamos en formas rígidas de actuar, nos sentimos estancados en el pasado o desesperanzadas ante la perspectiva de futuro.

Observamos cómo las féminas, en términos generales, tienen una resistencia a revelar sus años o, incluso, a mentir respecto a la verdadera edad cronológica.

El miedo al paso del tiempo, a envejecer, suele ir acompañada de procesos de ansiedad, miedo y continuos pensamientos negativos que llevan a la mujer a sentir temor cuando piensan en el futuro, se convierte en un pavor paralizante y desolador para aquellas personas que sienten, con exagerada frustración, los primeros síntomas del envejecimiento. Algunos ejemplos nos los deja la historia, como el que recoge Carmen Posadas en su libro *Bella Otero*. La escritora que investigo la vida de la genial artista, explico que la deseada vedette "se retiró a los 46 años para que nadie la viera envejecer". Más precoz fue la enigmática Gretta Garbo, quien se retiró a los 36. Recordemos que a los 46 años se negó a asistir a la gala de los Oscar.

Con una edad superior, Carmen Sarmiento, la primera mujer que logró ser corresponsal de guerra en Televisión Española tiene una actitud diferente.

Entrevistada por Nativel Preciado, para su libro *El sentir de las mujeres,* cuando esta tenia 51 años, no dejaba lugar a dudas: "creo que estoy en la plenitud de la vida, mi última serie para televisión empecé con 46 años, y la terminé con 49; tuve que atravesar selvas, dormir en el suelo, soportar lluvias tropicales, subir montañas. Digo la edad porque quiero que las mujeres sepan que los 50 son una década estupenda y que no se dejen comer el cerebro con historias sobre la menopausia y la salud. Reivindicar la edad es un acto feminista. Yo vendo prestigio, no belleza . Estoy orgullosa de mis 51 años".

Veredicto: culpable

La culpa es una de las más poderosas y dañinas emociones humanas. Educadas en ella, permitimos su entrada en nuestras vidas por cualquier mínimo resquicio. Así, nos convertimos en culpables de no ser buenas madres, buenas hijas nos torturamos por no haber cumplido con cada una de nuestras metas proyectadas, por engordar, por no tener el do de la ubicuidad, culpables por hacer unas cosas y no otras, de tener cientos de pensamientos, de sentir emociones inconfesables

Profesionales, madres y esposas hacen malabarismos para alcanzar la perfección impuesta desde fuera, pero, sobre todo, por ellas mismas. El agotamiento y el sentimiento de culpa son las principales consecuencias de esta carrera en femenino.

Y es que, según indican los expertos, gran parte de la carga que arrastramos se encuentra directamente relacionada con las exigencias autoimpuestas, en tantas ocasiones imposibles de cumplir. Somos extremadamente severas con nosotras mismas. Pero de igual modo, detrás del sentimiento de culpa puede encontrarse una negativa a asumir nuestra responsabilidad para mejorar las cosas.

Uno de los sentimientos de culpabilidad más comunes en
la mujer surge en la relación de los hijos: "no les concedo
tiempo", "no tengo paciencia". El sentimiento continúa,
aunque los vástagos sean mayores: "no le di la vida que
soñaba". La culpabilidad patológica puede alimentarse de
cualquier cosa: de tener atractivo, de triunfar, de ser feliz
La culpa es una emoción tan invasora y abrumadora que,
rara vez, somos conscientes de ella. Mujeres que viven
inculpándose, sin consuelo por no haber acertado con la
educación de sus hijos.

"La culpa es rabia dirigida hacia nosotros mismos".
—Peter McWilliams

Otra fuente importante de culpa reside en los juicios antiguos y obsoletos del pasado que siguen afectando al presente. "Desde el punto de vista psicológico, la culpa es
fundamentalmente una valoración, cognitiva y afectiva,
de comportamientos, cuando estos no están de acuerdo
con una determinada escala de valores morales". Más de
una de nosotras conoce a alguien que se atormenta en el
presente por causa de algún hechoque ya es historia. Hay

situaciones de infelicidad que son producto de remordimientos por lo que hicimos o dejamos de hacer, cuando, si somos razonables, es fácil entender que ni una cosa ni otra ya tienen solución. Es imposible volvr a vivir el pasado para pdoer corregir lo hecho o lo que dejamos de hacer. "Agua que no has de beber, dejala correr" dice el refrán popular. Es una verdadera insensatez intentar remover historias irremediablemente muertas.

Somos el juez implacable y despiadado de nosotros mismos. El más inflexible. Que nos juzgue como culpables o no, depende en gran parte de lo que hayamos aprendido, es decir, de los mensajes que llevamos grabados en nuestra mente.

— ¡Pero no hay a quien juzgar! —exclamo el principito.

— Te juzgarás a ti mismo —respondió el rey.

— Es lo más difícil. Es mucho más difícil juzgarse a sí mismo que a los demás. Si logras juzgarte bien a ti mismo eres un verdadero sabio.

—Antoine de Saint-Exupéry.

El Principito.

"La capacidad para juzgarnos puede convertise en un verdadero tormento. Pese a los años que llevo trabajadno en el mundo de la mente humana, todavía me sorprendo ante el grado de crueldad con que algunas personas se tratan a sí mismas, la profunda aversión o el asco que llegan a sentir por su propio ser", explica el prestigioso psiquiatra Luis Rojas Marcos.

Frente a algunos sentimientos de culpa justificados, existe una multitud, la gran mayoría, que no lo son en absoluto, por lo que, estaremos de acuerdo, resultan inútiles. "La mayor parte de las veces no está inspirado en ningún crimen espantoso o mala acción, sino en la autocrítica y los sentimientos de insuficiencia personal". Se trata de un sufrimiento gratuito.

👁 **¡OJO!**

La persona que tiende a culpabilizarse es muy propensa a caer en manos e manipuladores o chantajistas emocionales.

No es cuestión, en absoluto, de evitar el sentimiento de culpa pues, este, cumple funciones muy valiosas en la vida humana, de las cuales no podemos prescindir sin grave detrimento del bienestar personal y social. Se trata de vivir una experiencia de culpa más sana y positiva: la que experimentamos cuando nos sentimos responsables de un daño a terceros y que nos impide tratar de repararlo. Una culpa descontrolada puede ser perjudicial, desalentadora y destructiva. Pero bien controlada puede ser una fuerza impulsora, poderosa y eficaz. Solo los fanáticos y los psicópatas viven enteramente libres de culpa. Saber sentirse culpable en determinadas ocasiones constituye un signo de indiscutible inmadurez.

No mires tu DNI, observa tu ADN

Edad cronológica y edad biológica no es lo mismo. Y tú, ¿qué edad tienes?

- **Edad cronológica**: Es el tiempo trancurrido entre la fecha de nacimiento y actual. Se cuenta en años y aparece en el DNI. Es un criterio puramente administrativo y legal.

- **Edad biológica**: Es la edad funcional, es decir, está macada por el funcionamiento de los órganos comparados con patrones estándar para una edad. Es un concepto fisiológico, no social. Informa mejor sobre el envejecimiento real de una persona.

- **Edad celular**: Marca la capacidad de nutrición y saturación de las células. Se mide por la longitud de los telómetros de ADN.

La doctora Irina Matveiokova, endocrinóloga y experta en nutrición clínica, es especialista en marcar diferencias entre la edad cronológica y biológica. Para calibrarlas, sube a sus pacientes a una báscula conectada a un programa informático que calcula la composición corporal: el equilibrio entre líquidos, grasa y masa muscular. Las sorpresas pueden ser mayúsculas — ¡hasta veinte años de diferencia! — tanto para bien como para mal: "He visto a mujeres y hombres llorar en mi consulta porque tienen 45 años y un cuerpo que supera las seis décadas. También les he visto saltar de alegría porque su metabolismo es como el de un joven de 20 años y hasta me han pedido un certificado médico, para que conste por escrito", explica la especialista.

Conoce tus telómetros, descubre tu fórmula *antiaging*

Aquellas mujeres que ignoren sus telómeros, están destinadas al deterioro prematuro, aseguran los más prestigioso experto en medicina antienvejecimiento. Pero, ¿qué son los telómetros? Fragmentos de ADNI que recubren y protegen el final de los cromosomas, y que contienen el material genético. El símil más utilizado para explica cómo actúan los telómeros es la de protectores de plástico que se colocan en el extremo del cordón de los zapatos para evitar que se deshilachen. Los telómeros, como los plásticos de los cordones, protegen el final de los cromosomas para evitar su deterioro cuando las células se dividen.

Los científicos pensaron durante mucho tiempo que el acortamiento del telómeros se producía a un ritmo constante y que, su longitud, podría actuar como un reloj interno para medir la edad cronológica de los organismos en su naturaleza. "Sin embargo, mientras que los telómeros se acortan con la edad cronológica, la velocidad a la que esto ocurre es diferente entre individuos de la misma edad. Esto se debe a que experimentan diferentes cantidades de estrés biológico, debido a las dificultades y esfuerzos años que se enfrentan. La longitud de estos, se puede utilizar como una medida de la cantidad de daño que un individuo ha acumulado a lo largo de su vida", explica David S. Richardson, en un trabajo publicado en *Molecular Ecology*. Cuanto mayor es la presencia de células con telómeros cortos en el organismo, mayor es el grado de envejecimiento y, también, de daño celular. Es, por tanto, un marcador de la edad biológica del organismo mejor que el que figura en el carné de identidad, según concluye el experto.

La ciencia ha comprobado, por ejemplo, que las personas depresivas tienen telómeros más cortos: los pensamientos negativos como el pesimismo, la hostilidad y las situaciones que se perciben como amenazantes, también se asocian con telómeros más cortos.

La idea inicial de los investigadores era saber si la depresión afectaba a la estructura profunda del ADN, ya que cabía la posibilidad de que las personas con esta dolencia tuviesen más problemas por sus hábitos de vida, en tanto que se había detectado una vinculación entre la depresión y el exceso de bebida, tabaco y hábitos sedentarios.

En el estudio, lo que encontraron los técnicos en la sangre de los voluntarios es que los telómeros — los extremos del ADN que se van acortando conforme pasan los años y las células se dividen una y otra vez — eran sensiblemente más cortos, en función de la gravedad y el tiempo que llevaban sufriendo depresión, al margen de sus hábitos de vida.

> ⓘ **DATO.** La buena noticia es que no es el estrés, en sí, como tampoco los hechos, lo que determina el efecto sino la percepción del mismo. Es decir, las mujeres que supieron manejar el estrés de manera más eficiente no mostraron acortamiento en los telómeros. Algo para reflexionar.

¡Alarga tus telómeros!

Los telómeros son la única parte de ADNI que es flexible. Podemos alargarlos, prevenir el envejecimiento celular y mejorar la calidad de vida mediante el bienestar psicológico y los hábitos de vida saludables Cambiar a estilos más sanos, puede hacer que se reviertan los efectos del envejecimiento en tus células. Así lo confirma un estudio realizado por científicos de la Universidad de California, dirigidos por Dean Ornish, MD: En él, hallaron que los buenos hábitos ralentizaban e incluso, invertían el acortamiento cromosómico que ocurre como parte del proceso normal de envejecimiento.

El estudio, publicado en Lancet, analizó treinta y cinco personas. Diez de ellas fueron sometidas, durante cinco años, a una dieta saludable basada en vegetales y frutas, un entrenamiento físico programado, clases de yoga para reducir estrés y apoyo social para las diversas situaciones a las que se enfrentaron en sus respectivas vidas. Los cambios observados en los telómeros de este grupo, fueron significativos (no olvidemos que las enfermedades más importantes que se relacionan con la longitud de los telómeros son el cáncer y los infartos, así como el acortamiento de los mismos se acelera a consecuencia de una mala nutrición, tabaquismo, estrés y sedentarismo). El grado de alargamiento de los telómeros en las personas que cambiaron positivamente su estilo de vida fue del 10%. El resto del grupo, al que no se le indicó nada, es decir, siguieron con su vida normal sufrieron un acortamiento medio del 3%.

> **ⓘ DATO.** El descubrimiento de la telomerasa fue tal revolcón que le valió a Elizabeth Blackburn y a Carol Greider el Premio Nobel de Medicina en 2009. Hay muchos productos que estimulan la producción de telomerasa, la enzima que favorece la elongación o estiramiento de los telómeros.

> *"Si quieres saber cómo será tu cuerpo mañana, observa tus pensamientos de hoy".*
> —Proverbio hindú.

Las creencias: ideas que envejecen

El reloj biológico determina el proceso de envejecimiento, pero, lo que quizá muchos desconozcan es que las creencias también influyen totalmente. El *Dhapammapada*, uno de los textos budistas más influyentes, inicia de esta manera: "Somos lo que pensamos. Todo lo que somos surge de nuestros pensamientos". Estas palabras se le atribuyen a Buda y se remontan unos 2500 años, tiempo que ha tardado la ciencia occidental en reconocer el poder de la mente sobre el cuerpo.

Desde hace décadas, diversas investigaciones certifican esta tendencia, como la realizada por un grupo de científicos norteamericanos que concluyó que los pensamientos negativos son capaces de envejecernos hasta diez años sobre la edad que, en realidad, deberíamos aparentar.

Cuando la información que llega al organismo no coincide con las creencias que tenemos almacenadas en la memoria, resolvemos el conflicto a favor de las creencias o esquemas ya instalados. Creemos en nuestras creencias – aunque sea redundante – porque resulta más cómodo que cuestionarnos a nosotros mismos, pero deberíamos tener sumo cuidado porque, como también advierte Walter Riso en *Pensar bien, sentirte bien:* "la mente humana autoperpetúa constantemente la información que tiene almacenada.

¿Cuántas veces lo que crees se convierte en el centro de tu realidad? ¿En cuantas ocasiones has creído ver lo que no existía? ¿Cuántas han sido las veces que has tomado decisiones sobre creencias falsas? Piénsalo y haz recuento de las consecuencias.

La revolución de la medicina mente-cuerpo se basó en este simple descubrimiento: "dondequiera que va un pensamiento, es un elemento químico que lo acompaña". En este sentido, Vanessa Fernández, doctora en psicología del Instituto de Psiquiatría Martínez Campos, asegura que todo lo que está relacionado con nuestros pensamientos tiene repercusiones físicas en nuestra salud, y, por lo tanto, en nuestro aspecto físico: "Cientos de estudios demuestran que las personas que tienen pensamientos positivos logran una existencia mucho más longeva, mayor calidad de vida, una piel más joven y menores problemas cardiovasculares", resume la experta.

"La realidad se origina en las percepciones. Al cambiar sus percepciones, usted modifica su realidad. Al cambiar la percepción sobre su cuerpo, su envejecimiento y el tiempo, podrán revertir su edad biológica".

—Deepak Chopra

Cuatro principios pueden facilitar el desmonte del ego-centrismo mental, incrementar el autoconocimiento y modificar los sesgos cognitivos:

1. Tomar conciencia de que el cambio es importante.
2. Lentificar los procesos mentales, e identificarlos.
3. Reordenar la experiencia alrededor de una creencia negativa.
4. Atacar las distorsiones.

¡OJO!

Es necesario recordar que algunos esquemas patológicos solo son modificables con ayuda profesional.

La mente debe liberarse de sus ataduras. Una mente sin autoengaño es más lúcida, penetrante y consiente ver las cosas como son. "De qué otra manera podríamos resolver nuestros problemas sino estando en contacto con la verdad de los hechos. Ven y mira, decía Buda. Nunca dijo ven y supón, ven e interpreta, tan solo "Ven y mira".

"El ser humano siembra un pensamiento y recoge una acción. Siembra una acción y recoge un hábito. Siembra un hábito y recoge un carácter. Siembra un carácter y recoge un destino".

—Sivananda.

La profecía autocumplida

Las profecías tienden a realizarse cuando hay un fuerte deseo que las impulsa. Del mismo modo que el miedo, tiende a provocar que se produzca lo que se teme.

- Deja a un lado los pensamientos negativos, apuesta por el pensamiento constructivo.
- Di no al fatalismo.
- No seas catastrofista cuando las cosas salen mal.
- Intenta salir fortalecida de las circunstancias adversas.
- Utiliza los pensamientos a tu favor, te ayudarán a realizar actividades físicas y adoptar conductas más saludables.

"Ases" antiedad

Reduce tu estrés

Numerosos expertos indican que el estrés es uno de los factores que propicia una mayor aceleración del proceso de envejecimiento de nuestro organismo. Cuando ese malestar psíquico se vuelve crónico, tiene efectos biológicos que afectan a la piel, acelerando significativamente el envejecimiento cutáneo. Varios parámetros lo evidencian: tono apagado, menor densidad, perdida de elasticidad . Es un hecho que, el estrés, envejece la dermis en la misma medida que lo hacen los agresores externos como el sol o la contaminación. Si hasta hace poco no existían evidencias científicas, la creencia popular sí lo indicaba.

Cuando nuestro organismo sufre estrés, libera hormonas, entre las que se encuentra la adrenalina y el cortisol. Estas hormonas del estrés pueden provocar irritación y pérdida de la función inmunitaria de la piel, siendo sus efectos muy similares a los que tienen lugar durante el envejecimiento natural.

El estrés y la piel, enemigos íntimos

• El estrés y la circulación de la sangre

Cuando estás najo de estrés, la sangre se acumula en los órganos vitales para llevarles más energía y oxígeno, y dotarlos de los medios para poder reaccionar ante la situación a la que debemos hacer frente. Por otro lado, debido a que la piel no es un órgano vital, se encuentra menos regada y menos alimentada por las células sanguíneas. Por ello, su tono se apaga y se regenera con menos facilidad.

• ¡Altera el cortisol!

Cuando se produce una situación estresante, el cuerpo reacciona inmediatamente. Las glándulas suprarrenales comienzan a producir cortisol, una hormona que provoca la liberación de azucares destinados a satisfacer las necesidades urgentes del organismo. Pero la producción del cortisol a largo plazo, también causa inflamación cutánea que se manifiesta en la aparición de granos, líneas de expresión, arrugas y una piel más apagada y fina.

• Disminuye el colesterol

Otro daño colateral causado por el cortisol es la disminución de la cantidad de colágeno producido por los fibroblastos. La piel pierde flexibilidad y las arrugas, aparecen de forma más rápida.

• Radicales libres

El estrés contribuye al aumento de los radicales libres que, cuando se produce en exceso, atacan a las células sanas de la piel, deteriorando sus membranas o alternando su ADN. Estas, se deterioran y mueren más rápidamente sin haber sido renovadas tan pronto como deberían. La piel se descuelga, aparecen arrugas y manchas.

- **Arrugas de expresión**

El estrés provoca que las expresiones faciales totales como fruncir el ceño, a fuerza de ser repetidas, marcan la piel con arrugas que hubiéramos preferido evitar.

Impactos del estrés en tu rostro

El ejemplo más evidente lo podemos ver si analizamos fotografías de políticos que han tenido que enfrentarse durante su mandato a situaciones especialmente estresantes. Las diferencias entre las fotografías del antes y del después, pueden ser impactantes.

La periodista británica Anna Magee quiso descubrir cuáles son los daños que provoca el estrés en el rostro de una persona en un plazo de diez años. La reportera contacto con Auriole Prince (una artista forense experta en envejecimiento, y antigua empleada del FBI). El objetivo era saber cómo sería su rostro dentro de diez años si siguiera trabajando con el mismo nivel de estrés.

Para ello, la experta puso en sus manos un software que le permitió, mediante el establecimiento de unos parámetros previos, ver el futuro. Este, por desgracia, fue poco alentador los cambios son impresionantes: la flacidez de la piel, aumento del tamaño de la mandíbula

Efectos indeseables del estrés

- **Aumento masivo de las canas.** Aunque parezca un mito, es totalmente cierto que el número de canas aumenta debido al estrés. La investigación ha determinado que los altos niveles de tensión pueden causar la pérdida de un tipo de sustancia que da color a los fóculos pilosos. Este hecho provoca la pérdida de color en el pelo.

- **Aumento del acné.** El estrés continuo suele provocar que se genere acné en el rostro — tanto de un adulto como de un niño—. La tensión provoca que una respuesta inflamatoria en el cuerpo que lleve a los poros a obstruirse, y, a su vez, el aumento del estrés en el cuerpo provoca que se liberen andrógenos (hormonas sexuales masculinas), algo que genera multitud de espinillas.

- **Disminución de la luminosidad de la piel.** Se produce debido a que el flujo sanguíneo se ralentiza (pues el corazón bombea más sangre para afrontar la situación estresante). Esto provoca que los nutrientes abandonen la piel del rostro para situarse en los músculos que necesitaremos para plantar cara a aquello que nos genera tensión.

- **Aumento de las bolsas de los ojos.** Suele producirse debido a la escasez de horas de sueño o a tener obsesión enfermiza por levantarse temprano para sacar más provecho al día. Según Prince, también puede producirse a la inversa, es decir, que la tensión sea la que no te deje descansar te mantenga despierto.

- **Flacidez en la piel.** Al ralentizarse el flujo sanguíneo, se produce deshidratación y escasez de nutrientes en zonas determinadas del cuerpo, lo cual produce esa flacidez.

- **Aparición de piel seca.** Nuevamente, la situación de estrés provoca que todos los nutrientes (entre ellos, aquellos que mantienen húmeda la piel) se trasladen hacia otros músculos del cuerpo. A su vez, también conduce a que se evaporen lípidos. Todo ello genera piel seca que, en muchos casos, no puede repararse ni con las mejores cremas.

- **Enrojecimiento de la piel.** El estrés es también un elemento clave en las enfermedades inflamatorias como aquellas que provocan el enrojecimiento cutáneo. Otras dolencias, como el escema o la psoriasis, están directamente relacionada con el estrés.

El estudio fue publicado en la versión digital del Daily Mail y fue tal la repercusión, que el periódico propuso a tres de sus lectores que se sometieran a la misma prueba.

El estrés te envejece, ¡combátelo!

Elabora un plan para reducir el estrés de tu vida cotidiana con pequeños retos cada día. Ahí van algunas sugerencias.

- **Sí quiero**

El lenguaje es un arma poderosa para combatir el estrés. Sustituye el: "tengo que", "hay que", por: "quiero". Por ejemplo: ¿tienes que ir trabajar o quieres ir a trabajar?

- **Por prioridad…**

¿Qué es lo realmente importante en tu vida? Céntrate, y no permitas que lo prescindible acapare el tiempo de lo que de verdad te importa.

- **No le des más vueltas**

Acepta lo que no puedes cambiar y céntrate en lo que sí es factible transformar. Decide, en corto espacio de tiempo, el camino que vas a emprender para lograrlo. La indecisión y la preocupación representan poderosas causas de estrés.

Revisa tu autoestima
¿Qué te dices?

Ese diálogo, que nunca es neutro, ni inocente, releja la esencia de tu autoestima, una verdadera medicina antiaging. Es importante que seas consciente de qué tipos de cosas te dices a ti misma y cómo te las dices. Según explica la coach de recursos humanos, María José Fonseca: "Si cada día levantamos lo primero que no decimos son cosas como: "vaya que cara tengo", generamos emociones de malestar que nos acompañan a lo largo de la jornada. Si te repites estas cosas a través de tu diálogo interno, llegará un momento en el que solo te dijes en esos aspectos físicos que te desagradan, obviando aquellas cosas que te gustan de ti misma y que tienes la oportunidad de potenciar. Por tanto: Regálate los oídos y destaca lo mejor de ti.

> *"Estás lleno de secretos y te llamas Yo".*
>
> —Paul Valéry

No está de más repetirlo: regálate los oídos y destaca lo mejor de ti porque, tener un alto aprecio a ti misma, sirve de protector contra el envejecimiento. Así lo advierte un estudio de la Universidad de Oviedo, titulado: "Autoestima, felicidad y salud". Su responsable, el catedrático de Ciencias de la Conducta de la Universidad de Oviedo, José Antonio Flores, asegura que la autoestima "es una auténtica vitamina psicológica consistente en valorarse a uno mismo de forma positiva". E experto añade que, de manera inversa, una baja autoestima es "un caldo de cultivo para que se potencie el envejecimiento patológico".

Incluso, el catedrático insinúa que la autoestima debería utilizarse como medicamento ante la aparición de ciertas enfermedades. Flores nos invita buscar la felicidad y a elevar nuestra autoestima, porque ambas son dos armas poderosas.

La autoestima es un conjunto de percepciones, pensamientos, evaluaciones, sentimientos y tendencias de comportamiento dirigidas a nosotras mismas. Ese sentimiento de afecto global que hacemos, representa uno de los mayores pilares de la psicología. Sentirse cómodo dentro de uno mismo es la condición necesaria para relacionarse como otros, escribía Erich Fromn en *Ética y Psicoanálisis*.

Piensa: ¿cuáles dirías que son tus mejores capacidades?, ¿te enfadas con frecuencia?, ¿recuerdas cuáles son tus limitaciones?, ¿te percibes eficaz? Estas son algunas de las claves de la autoestima: no puedes verla, pero está ahí, cuando te miras en el espejo. No puedes escucharla, pero está ahí, cuando hablas de ti misma.

¿Cómo te ves?

Si la mirada es benevolente y positiva, consiguiera que minimices tus defectos, restándoles importancia y te permitirá aprovechar cualidades que, teniéndolas, te pasan inadvertidas. Cuantos potenciales ahogados en un vaso de complejos sin importancia alguna

¿Cuál es tu nivel de autoestima? Las personas con una autoestima baja suelen responder a estos tipos de comportamiento:

- Inseguridad y falta desconfianza en sí mismo.

- Indecisión crónica con miedo exagerado a equivocarse.
- Necesidad de aprobación y deseo de complacer.
- Tiende a esconder los verdaderos sentimientos.
- Siente miedo a expresar sus opiniones por temor a la crítica y al rechazo.
- Exagera la magnitud de sus errores.
- Asume el papel de victima
- Miedo excesivo tanto al rechazo como a ser abandonado.
- Es negativa y pesimista.

Por el contrario, una persona con una autoestima saludable presenta las siguientes actividades:

- Visión de si mismo y de sus capacidades: realista y positiva.
- Manifiesta sus sentimientos y emociones con libertad.
- Desarrollan proyectos y perseveran en sus metas.
- Aprende de sus errores sin magnificados.
- Ni manipualn ni se dejan manipular por los demás.
- Es asertiva, defiende sus derechos y necesidades respentanto a los demás.
- Es positiva y vitalista.

"No vemos las cosas tal y como son, si no tal y como somos".

—Talmud

Amor, percepción y confianza

• Amor a ti misma

Respétate, suceda lo que suceda, ¡no te machaques! Quererte, significa mucho hacerlo a pesar de tus defectos y de tus límites, a pesar de tus fracasos y reveses de tu vida que, en tantas ocasiones, nos ponen a prueba. Amarse significa transformarse cuando sea necesario, intentar cambiar lo que no te guste y admitir lo que no está en nuestra mano modificar; afrontar los problemas y tomar las riendas de nuestra vida. Cuanto más te estimes, mejor actúas: Podrás tomar decisiones y cumplirlas. Y cuanto más te comportas de esta forma, más te estimas. Un interesante círculo vicioso.

• Visión de ti misma

Una visión positiva de ti misma es creer en las capacidades que posees, valorar las cualidades que tienes y no obsesionarte con los defectos. Una persona acomplejada, por ejemplo, cuya autoestima suele ser baja, sorprenderá a su entorno porque no percibe los defectos que cree tener.

• Confianza en ti misma

La confianza en nosotras refleja en los actos que realizamos. En las grandes y pequeñas decisiones que tomamos, en la realización de nuestros propósitos, en la forma en la que nos enfrentamos en las dificultades. No temer desmesuradamente a lo desconocido y actuar sin excesivo miedo al fracaso y al juicio de los demás, es prueba de un buen nivel de confianza. Confía en ti misma, en tus capacidades y en tus opiniones.

Vivir pendientes de la opinión ajena y depender de lo que piensan los demás de nosotros, representa un feroz caudal de inseguridad que termina desbordándonos. Un verdadero saboteador de nuestra autoestima. Por este motivo, entre muchos otros, buscar la aprobación del resto, puede convertirse en una práctica muy peligrosa.

Cultiva el amor propio ¿Cómo elevar tu autoestima?

Debido a que nuestros pensamientos, sentimientos y creencias cambian, nuestra autoestima también esta constantemente evolucionando. Según explica le psiquiatra Enrique Rojas Marcos "siempre se puede aprender a fomentar, fortalecer y potenciar su autoestima".

- **Conócete**

En los dinteles de piedra de hoy derruido templo de Apolo en Delfos, encontramos esculpida una inscripción convertida en un precepto que, desde hace siglos, conserva su sentido y validez: "Conócete a ti mismo". Máxima necesaria, vital e imprescindible para disfrutar de una autoestima saludable. Pon atención en tu parte más brillante¡, tus virtudes y todo aquello que sabes que te hace especial Aprende a conocer tus fortalezas.

- **Vigila tu lenguaje**

Lo que verbalizamos tiene más importancia de lo que pensamos. ¡Ojo con las generalizaciones y los términos catastrofistas! Del tipo: todo me sale mal, nadie me quiere

- **No busques la aprobación de los demás**

Tomar decisiones importantes basadas en opiniones de los demás, es un grave error. No decir nuestras opiniones porque pensamos que no agradarán a los demás, no lo es menos.

- **Resuelve lo pendiente**

Para sentirte mejor contigo misma, ponte manos a la obra y acaba con todas esas cosas que tienes pendientes. Intenta hacer aquello que has ido postergando un día tras otro: organiza papeles, concreta cita pendiente En resumen: Haz lo que sabes que tienes que hacer, sin más demora.

- **Establece objetivos y expectativas**

Esforzarnos para mejorar en aquellos aspectos de nosotras mismas con los que no estamos satisfechas es una forma excelente de mejorar la autoestima.

- **Cuida de ti misma**

Mientras más saludables seas de cuerpo y mente, la posibilidad de que este satisfecha contigo misma, será mayor. Ponte en contacto con las necesidades y sentimientos de tu organismo. Este, te mostrara una puerta para conectar y reconciliarte con él.

- **Aprende a decir no**

En ocasiones, nos da miedo mostrarnos frente a nuestros propósitos por temor a decepcionar o a perder afecto de los demás, pero, ¿no es más grave faltarse al respeto a uno mismo?

- **No te compares con nadie**

Siempre hay alguien más alta, más guapa o más inteligente, que puede hacernos sentir inferior. Con la única persona que puedes compararte es contigo misma.

- **No te juzgues**

Sustituye los juicios por análisis, y aplica comprensión a tus veredictos.

Aprende a decir "no"

Lo bueno de cumplir 40 años, decía Groucho Marx, es que uno aprende a decir no, sin sentirse culpable. El magnífico humorista fue precoz porque, decir esa palabra, es una tarea algo dificultosa. De hecho, hay quienes no lo aprenden nunca y se mueren sin ser capaces de pronunciarla. Es un simple monosílabo, pero no siempre reunimos las fuerzas necesarias para pronunciarla. Esa enorme dificultad es algo que vamos aprendiendo en el transcurso de la vida. Si nos fijamos, una de las primeras actitudes que aprenden los bebes es la de negarse y rebelarse ante sus padres. Es su mejor forma de afirmación y de defensa ante la sensación de invasión que perciben de su entorno. Sin embargo, a medida que vamos creciendo y adquiriendo responsabilidades, decir "no" resulta infinitamente más difícil.

¿Miedo a caer mal? ¿evitar discusiones?... ¿O el motivo reside en que no sabemos cómo argumentar una negativa? Quienes carecen de esa capacidad, se inclinan, humildemente, ante los deseos de los demás y encierran los suyos en el interior. Si somos razonables, es más fácil entender que no se puede vivir diciendo permanentemente a todo que sí. Quien actúa de ese modo, se sentirá incomprendida con frecuencia, no tomada en cuenta y manipulada. Además, puede sentirse molesta respecto al resultado de la situación o volverse hostil e irritable hacia terceros.

La tendencia a complacer a los demás, haciendo prevalecer sus deseos sobre los nuestros, puede traernos pésimas consecuencias como el querer agradar a toda costa algo que se puede volver en nuestra contra, ya que no se puede complacer a todo el mundo y no merece la pena ni intentarlo.

Para la psicóloga Merce Canonlga, coautora de *Sin animo de ofender*, la principal dificultad de dar o recibir una negativa deriva de una carencia que tenemos graba en nuestro software mental, y que se podría resumir en una expresión tan corta como: "Deseo que todo el mundo me quiera". Y claro, eso es misión imposible. La unanimidad solamente es cosa de dictaduras. Pero también hay que tener en cuenta que, con esa frase grabada, vive cualquier negativa como una ofensa o agresión. A esas personas les cuesta más dar una negativa; no quieren pasar un mal rato, aunque eso suponga agredirse a ellos mismos, haciendo lo contrario de lo que desean y, de paso, se recriminan lo estúpidos que son.

Cuestión de asertividad

La asertividad se resume en las conductas y pensamientos que nos permiten defender nuestros derechos, sin agredir ni ser agredido. Según los psicólogos, a la mayoría nos falta asertividad. El adjetivo hace referencia a quien tiene la capacidad de asegurar con firmeza y decisión cuanto dice y hace. Seguridad en si mismo, sin dejarse manipular y sin inferir con los demás. Ni agresividad, ni sumisión: equilibrio.

Ya es científico: meditar rejuvenece

La mayoría de las tradiciones religiosas han afirmado que: La meditación es la llave que hace fluir la felicidad y la juventud. Más allá de un camino espiritual, que también lo es, para quien así quiera vivirlo, meditar una práctica de higiene mental con innumerables ventajas rejuvenecedoras.

Podríamos decir que es fuente de juventud porque produce un efecto opuesto al síndrome del estrés y, este es el factor de mayor riesgo para el envejecimiento prematuro, según explica Pilar Franco de Sarabia: "cuando una persona está estresada, la respiración se acelera, el corazón late más rápido y la tensión arterial sube. El cuerpo empieza a generar hormonas del estrés como el lactato, cortisol y adrenalina. Se libera glucosa en sangre y los niveles de colesterol aumentan. El PH del cuerpo se hace más ácido y se produce más radicales libres. Con ello se ven afectados: el sistema nervioso, el digestivo, el inmune e incluso la libido. Por todo ello, envejecemos prematuramente y acortamos nuestra vida". La experta se refiere a numerosos estudios, los que practican la Meditación Transcendental, consiguen rejuvenecer, es decir, revierten su edad biológica. Pueden ser cinco, diez o quince años biológicamente más joven que su edad cronológica. Se mejora la vista, el oído, la tensión arterial, el sueño, las digestiones Las personas que practican la MT consiguen que su riesgo a contraer el cáncer se reduzca al 55% y las enfermedades cardiacas disminuyan al 80%", concluye la experta del *Harit Ayurveda Spa*. Esta práctica milenaria y a la vez enormemente contemporánea, constituye un potente tratamiento antiedad.

La meditación provoca cambios considerables en las estructuras del cerebro

¿Impresionada? No lo dice un grupo new age, ni los amantes de la pseudociencia o de la falsa espiritualidad, sino un equipo de psiquiatras liderado por el Hospital General de Massachusetts, que ha realizado el primer estudio que documenta como el hecho de ejercitar la meditación afecta al cerebro. Según sus conclusiones publicadas en Psychiatry Research, la práctica de un programa de meditación, durante ocho semanas, puede provocar considerables cambios en las regiones cerebrales relacionadas con la memoria, la autoconciencia, la empatía y el estrés. Es decir, que algo considerado espiritual, nos transforma físicamente y puede mejorar nuestro bienestar y nuestra salud.

"Aunque la práctica de la meditación está asociada a una sensación de tranquilidad y de relajación física, los médicos afirman que la meditación también proporciona beneficios cognitivos y psicológicos que persisten durante todo el día", explica la psiquiatra Sara Lazar, autora principal del estudio. "La nueva investigación demuestra que los cambios en la estructura del cerebro pueden estar detrás de esos beneficios demostrados y que, la gente no se siente mejor solo porque se han relajado", concluye.

Educa tu mente

Una mente serena y tranquila repercute positivamente en nuestro organismo y en la salud. La meditación es un bálsamo para la mente y por eso rejuvenece a quienes la practican, como afirma Ramiro Calle, pionero de la introducción del yoga en nuestro país. Él nos ofrece cuatro interesantes apuntes sobre esta práctica, fuente de juventud.

- Una sesión de meditación puede durar entre quince minutos o una hora.
- Es preferible elegir una habitación tranquila donde poder meditar y adoptar una postura —ya sea sentado en una silla o en el suelo, donde la cabeza y el tronco se quedan erguidos—.

- Si necesitas moverte, los movimientos deben resultar conscientes y lentos.

- En la meditación hay que servirse del denominado esfuerzo recto, es decir: un esfuerzo firme y mantenido, pero no excesivo.

- No hay que sentirla como si fuera un deber penoso, sino como algo que debe ser normal en nuestras vidas y que se realiza con la misma naturalidad con la que aseamos en el cuerpo.

- El practicante no debe supeditar la práctica de la meditación a sus fluctuaciones anímicas, ya sean joviales o apesadumbradas.

- Debe tratar de meditar cada día, aunque solo sean diez minutos.

La práctica regular de esta técnica ofrece grandes beneficios:

- Mayor poder de concentración.

- Seguridad en sí mismo.

- Pérdida de miedos.

- Permite centrarse en el "aquí y ahora". Ayuda a estar consciente y atento, en todo momento.

- Drena contenidos emocionales toxicos.

- Reduce el nivel de ansiedad.

- Relaja la tensión.

- Disminuye el desborde emocional ante una amenaza, situación tensa o mal ambiente.

- Facilita soltar los apegos ante situaciones que no tienen remedio, como una muerte, separación o perdida.

- Ayuda a evitar las anticipaciones negativas, situaciones que imaginamos que sucederán, pero la mayoría de las veces no ocurren.

- Favorece a evitar la frustración ante las expectativas no cumplidas.

💡 CONSEJO

Procúrate, cada día, un tiempo. Aunque sean unos minutos de silencio con los ojos cerrados, sin música, sin ruido. Estar contigo misma, se trata de calmar tu mente.

⬇ INFORMACIÓN ADICIONAL

Por la compra de este libro, descárgate de forma gratuita: *Magnet Toques y retoques*, donde María José Bosch te da más consejos y trucos de belleza que ayuden a permanecer joven, ademas de facilitar sus direcciones favoritas.

http://elartedepermanecerjoven.guiaburros.com/contenidoadicional

Espíritu

Espiritualidad y salud

Es vital que cuidemos nuestra salud física, emocional y mental, pero no lo es menos atender a nuestro bienestar espiritual. Por ello, los psiquiatras del reconocimiento de Luis Rojas Marcos, aconsejan cultivar la espiritualidad. "No pocas veces, la esperanza —que se dice, es el pan de la vida— procede de la esfera espiritual del mundo interior. La espiritualidad es un sentimiento gratificador de una conexión emocional profunda con algo que se encuentra fuera, que puede ser creencias religiosas, solidaridad, amor, libertad o el resultado de una sintonización especial con la naturaleza", aclara el autor en *Los secretos de la felicidad.*

> ⚠ **IMPORTANTE**
>
> Piénsalo: ¿crees que existe alguna relación entre una vida espiritual plena y gozosa con la belleza, el envejecimiento o el lento crecimiento?

¡Por supuesto!, exclama Pilar Franco de Sarabia ante la pregunta: "¿cuando hablamos de belleza nos referimos solo a la belleza que vemos, o a la que proyectamos desde nuestro interior?" La verdadera belleza es la expresión externa de la salud y del equilibrio. La palabra salud, en sánscrito es *swasta*, y significa estar conectado con el ser interior que existe en cada uno.

Ayurveda, en sánscrito, literalmente, es "la ciencia para alargar la vida". Este conocimiento milenario de la India considera la belleza como la energía de la conciencia que se refleja en la forma más sutil a través del cuerpo. Esta belleza, la sentimos dentro de nosotros como una experiencia profunda de placer, de disfrute. La parecíamos en los demás como armonía, gracia y elegancia natural. Una persona bella, es alguien conectado con su esencia y con su ser interior, que irradia serenidad y se la ve atractiva y radiante, externamente independiente de su edad. Necesitamos crear una nueva visión del concepto envejecer, no como algo opuesto a la juventud sino como un proceso de desarrollo, sobre todo espiritual, que proporciona una madurez disfrutable y gozosa. El regalo de la juventud se ve suplido y compensado por la experiencia y la sabiduría de una vida bien vivida.

"Para llegar a ser esa diosa sin edad de la que se habla en este libro, esa mujer sabia ha aprendido a comunicarse silenciosamente con su alma", una magnífica sugerencia con la que concluye con rotundidad Pilar Franco de Sarabia.

Espiritualidad y salud

La espiritualidad está asociada con una mejor salud y calidad de vida. Cada vez existen más evidencias de que una vida espiritual rica, tienen un importante impacto positivo en la salud física y psicológica. La última prueba viene dela mano de un equipo de investigación del *Memorial Sloam Kettering Cancer Center* de Nueva York. Estos científicos, han comprobado que la calidad de vida de los pacientes terminales mejora cuando se satisfacen sus demandas espirituales en el momento de enfrentarse a la muerte.

Curiosamente, los resultados del estudio publicado en *The Lancent*, sugieren que lo que realmente reconforta a estos individuos no es la fe religiosa, sino alcanzar un estado de armonía y paz, interiores, independientemente del camino que hayan elegido para obtenerlas. Lo importante, según los autores, es cubrir sus necesidades existenciales. Evidentemente, los beneficios de una vida intensa no se limitan aquellas personas que se encuentran en situaciones críticas cercas a la muerte. El bienestar espiritual ayuda a mejorar la salud y calidad de vida.

- La espiritualidad aporta valores como amor, perdón, agradecimiento, esperanza, paz y fortaleza, con los que reforzar poderosamente la salud emocional.
- Disminuye la ansiedad, la depresión, el enojo y el malestar.
- Disminuye la sensación del aislamiento (sentirme solo) y el riesgo de suicidio.
- Disminuye el abuso de bebidas alcohólicas y medicamentos
- Reduce la presión arterial y el riesgo de enfermedades cardiacas.
- Provee de un sentimiento de crecimiento personal.
- Proporciona una mayor satisfacción de vida.
- Otorga una mayor sensación de paz interior.
- El bienestar espiritual también puede ayudar a vivir más y, sin duda, mejor.

Descubre tu "yo" espiritual, acercare a esa quietud profunda que brota del interior de tu corazón y estimula tu cuerpo y tu mente. No te pierdas en lo banal, acércate a lo que de verdad importa. Nuestro ideal soñado es vivir en una gran ciudad, tener un buen empleo, ascender de estatus Pero, si estamos centrados exclusivamente en las motivaciones externas y olvidamos las internas, nuestro verdadero ser siempre estará a la sombra del ego.

> ⓘ **DATO**: Religiosidad y espiritualidad, no es lo mismo. En el primer caso se trata de personas involucradas en creencias, valores y practicas propuestas por una institución organizada y la búsqueda de lo divino se logra a través de una manera concreta de vivir. La espiritualidad puede definirse como la búsqueda de lo sagrado o lo divino, a través de cualquier experiencia de vida.

Perdona y suelta lastres

La falta de perdón envejece tu rostro. Un grupo de psicólogos norteamericanos afirman que perdonar sana por que se reducen instantáneamente, los niveles de hostilidad —un importante factor de riesgo de un accidente cardiovascular— y que se incrementa el enraizamiento social, una mayor aceptación y nos procura unas relaciones sociales saludables, indispensables para mantener una mente joven y, en consecuencia, un cuerpo que también lo es. El perdón, sin entrar en ningún tipo de consideración transcendente, es un acto de libertad, una decisión individual, una expresión de amor que nos redime de ataduras que amargan el alma, afean el rostro, y terminan por enfermar el cuerpo.

No es un acto de resignación, es una decisión consciente que permite que ni la ira ni el rencor, se adueñen de los recuerdos. Se trata, por tanto, de una liberación, más que de un olvido. Perdonar, consiste en liberarse de sentimientos dañinos, como el odio, e resentimiento, la tristeza o la culpa, entre otras emociones destructivas. Necesitamos perdonar para deshacer los nudos del pasado y comenzar de nuevo. Hace falta purificar la memoria, porque, solo así, podemos liberarnos del dominio de quien nos hirió y alcanzar el supremo acto de perdón.

Es un acto de generosidad con mayor recompensa para nosotros que para quien nos ofendió, asegura José Pedro Manglano. "Todos somos débiles y fallamos con frecuencia", reflexiona este teólogo y, añade: "muchas veces no somos consciente de las consecuencias de nuestros actos, verdaderamente, no sabemos lo que hacemos. Cuando, por ejemplo, una persona está enfadada, grita cosas que, en el fondo, no piensa ni quiere decir. Si las tomamos enserio, cada minuto del día, y me pongo a analizar lo que ha dicho cuando estaba rabiosa, puede causar conflictos sin fin. Si lleváramos la cuenta de todos los fallos de una persona, acabaríamos transformando en un monstruo, hasta al ser más encantador", concluye Manglano.

El secreto consiste en no identificar al agresor con su obra. Puede que no sea sencillo, pero parece razonable, ¿no? Un ejemplo elocuente es el que ofrece Albert Camus, cuando se dirige en una carta pública a los nazis y les hable de los crímenes cometidos en Francia: "a pesar de ustedes, les seguiré llamando hombres. Nos esforzamos en respetar en ustedes lo que ustedes no respetaban en los demás". Cada persona está por encima de sus peores errores. Todo ser humano es más grande que su culpa.

> *"El perdón no cambia el pasado, pero sí el futuro"*.
>
> —Anónimo

Ojo con el resentimiento, porque mueve peligrosamente a la venganza.

Gratitud y envejecimiento

Estoy segura de que eres capaz de recordar alguna ocasión en que has recibido de otra persona un amable "gracias", acompañado de una sonrisa sincera, ¿recuerdas cómo te hizo sentir eso?, yo te lo digo: ¡Agradecida!

Hay personas que parecen capaces de agradecer todo aquello que la vida pone en su camino, sin aparente esfuerzo y, sin embargo, otras a las que les cuesta un mundo. Parecen incapaces de practicar la gratitud porque nunca están conformes con lo que tienen, siempre quieren más, nunca se sienten satisfechas.

La gratitud nace de la conciencia, y en ella, la memoria desempeña un papel esencial. En palabras de Epicuro: "La gratitud es también la alegría de la memoria o el amor a lo que se fue". En línea idéntica, dos mil años después, escribe André Comte-Sponville, en su recomendable Diccionario filosófico: "La gratitud es el recuerdo agradecido de lo que ha sucedido".

Elsa Punset desde su último libro, *Una mochila para el universo: 21 rutas para vivir con nuestras emociones,* explica que la gratitud es una de esas rutas. Supone salir de nosotros mismos y abrirnos a los demás. Hay estudios que demuestran hasta qué punto el agradecimiento es uno de los caminos más directos para el bienestar emocional y un factor que mide si una vida es satisfactoria. La experta, advierte que "estar centrados en nosotros es un gesto que denota miedo, pone en marcha la parte del cerebro que busca la supervivencia y nos vuelve un poco generosos". De acuerdo con un estudio de la Universidad Estatal de Florida en Tallahassee, Estados Unidos, otro de los beneficios de la gratitud es fortalecer y mejorar las relaciones con otras personas que no son de nuestra entereza, o cuando los vínculos emocionales no pasan por un buen momento.

El investigador, Nathaniel Lambert detalla, en el estudio publicado *Psychological Science*, que se agradecido te hace una persona más responsable del bienestar de los que se encuentran a tu alrededor, por lo que puedes ver tu entorno de una forma más positiva, es decir, mejora el sentimiento de comunidad. Cuando expresas tu gratitud, es porque enfocas tu atención en las cosas buenas que hacen los demás, lo que fomenta una actitud positiva en ti y te genera felicidad.

¿La ingratitud, el egocentrismo, la falta de conciencia, en general, podrían repercutir negativamente en el aspecto de la piel, y de la belleza? Para Pilar Franco de Sarabia, no existe duda alguna: "todas las emociones negativas crean caos en la mente, y directamente, daño y envejecimiento prematuro. La ingratitud es una manifestación del egocentrismo que, como tantos errores de la mente o el intelecto, denotan falta de conciencia, falta de conexión con el ser. Hasta las facciones más perfectas pierden su atractivo en una persona egocéntrica, desgraciada o insatisfecha. La piel con todas sus terminaciones nerviosas, es el órgano más relacionado con la mente y el sistema nervioso, y puede verse afectada antes que ningún otro órgano".

Cuando tomamos consciencia de nuestros estados de ánimo positivos como aprecio, atención, compasión, alegría tenemos un efecto aún más beneficioso sobre nuestra salud y bienestar al tiempo, creamos un efecto más positivo en los que nos rodean. La fortuna del ser humano está en su corazón, cerebro y sistema nervioso, capaces de percibir el Todo. Las personas egoístas mueren antes que las bondadosas según un reciente estudio de la Universidad de Michigan, explica la experta en ayurveda y añade: Según las últimas investigaciones, el corazón es más fuerte que el cerebro, unas cien mil veces más, eléctricamente y cinco veces más, magnéticamente. La energía del corazón nos une literalmente el uno al otro. A través de una energía invisible que emite el corazón, los humanos estamos profundamente conectados con los seres vivos. El corazón espiritual es, de alguna manera, como un teléfono invisible que nos conecta a una gran red de información.

Gratitud y felicidad

Sonja Lyubomirsky, profesora de psicología de la Universidad de California (Estados Unidos), y uno de los grandes referentes internacionales en el estudio de la felicidad, nos propone practicar la gratitud para, así, transformar en positivo la forma de pensar sobre nuestra vida. Practicar la gratitud supone centrarnos en el presente, en apreciar nuestra vida como es aquí y ahora. Es mucho más que decir gracias. Lyubomirsky propone ocho formas en las que comprobamos como la gratitud aumenta la felicidad:

- Si ponemos más atención a lo positivo que hay en nuestras vidas, aumentará la sensación de placer y bienestar. Cuando eres una persona agradecida, tu mente se enfoca en lo que tienes y no en lo que te falta. Ese simple hecho te hace ser una persona mucho más feliz.

- Expresar gratitud refuerza la autoestima y el amor propio. Si prestas atención a lo que has conseguido o a lo que otras personas han hecho por ti, te sentirás mejor, más segura y eficaz. Tomar la gratitud como un hábito es una buena estrategia para salir de la queja continua.

- La expresión de la gratitud estimula el comportamiento moral. Es más probable que las personas agradecidas sean solidarias.

- La gratitud puede ayudar a establecer vínculos sociales. Las personas que sienten gratitud hacia personas determinadas establecen con ellas relaciones más próximas y de mayor calidad. El investigador y escritor Robert Emmons, sostiene que, cuando realmente tomas conciencia del valor que tienen tus amigos y tus familiares, es probable que trates mejor, lo que produce una espiral ascendente o circulo virtuoso en el cual, las relaciones fuertes, te proporcionan algo por lo que estar agradecido, que a su vez fortalece esas mismas relaciones y así sucesivamente.

- Expresar gratitud tiene a inhibir las comparaciones envidiosas con los demás. Si de verdad aprecias lo que tienes es menos probable que te fijes en lo que tiene el vecino, o lo que envidies.

- Practicar la gratitud es incompatible con las emociones negativas. Agradecer reduce o evita la rabia, la amargura, la codicia.

- La gratitud nos ayuda a frustrar la adaptación hedonista. El acomodo a lo positivo es uno de los principales enemigos de la felicidad y una de las claves consiste en combatir sus efectos mediante la gratitud.

La queja envejece

El hábito de quejarnos nos debilita y favorece el envejecimiento prematuro: nos hace vulnerables a la enfermedad y nos conduce al conflicto social, al pesimismo, al escepticismo y a las carencias.

Contrariamente a lo que muchas personas piensan, la queja no sirve de válvula de escape, muy al contrario, aumenta nuestro malestar. La explicación es sencilla y nos resulta familiar: enfocar nuestra atención en lo que está mal, lo estamos agrandando.

Al quejarnos, criticar o juzgar, emitimos pensamientos y, por tanto, energía negativa que se vuelve hacia nosotros como un bumerán, pero aumentada.

La alternativa a la queja es la gratitud.

"Doy gracias a Dios por mis incapacidades, por ellas, yo me he encontrado a mí misma, a mi trabajo y a Dios", escribe Hellen Keller, sorda y ciega desde los diecinueve años, cuando logró —a principios del pasado siglo— graduarse en la universidad con todos los honores. Además de escribir obras inspiradoras como *Salir de la oscuridad* o *El milagro de Anne Sullivan* —adaptada al cine—, ofreció conferencias en más de veinticinco países y ha pasado a la memoria colectiva como ejemplo de valor y superación. Hellen supo abrirse camino a pesar de las circunstancias y, su vida, sin duda fue un éxito.

Efectos de la gratitud:

• Aumenta la autoestima y la sensación de valía personal.
• Incrementa el comportamiento ético.
• Facilita la construcción de los vínculos con los demás.
• Ayuda a afrontar el estrés, los traumas y las adversidades.
• Inhibe las comparaciones negativas con los demás.
• Nos ayuda a adaptarnos a nuevas circunstancias.
• Ayuda a combatir las emociones negativas.

Solidaridad y bienestar

"La solidaridad nos hace más felices, desde el altruismo", asegura el profesor Josep María Serra Grabulosa, de la Universidad de Barcelona. "Aunque uno, a nivel individual, piensa que está haciendo poca cosa, está contribuyendo al bienestar de las personas y eso es algo que se distribuye y acaba construyendo una sociedad más solidaria, y por tanto, más feliz·, argumenta el científico. Las conclusiones pertenecen al cuarto informe *La felicidad y la percepción de la salud,* realizado por el Instituto Coca Cola de la Felicidad y la Facultad de Psicología de la Universidad Complutense de Madrid.

Ayudar, tender una mano a otro cuando lo necesita, hace que el organismo libere determinadas sustancias químicas, como la dopamina, la serotonina y la oxitocina, que genera una agradable sensación de bienestar. "La dopamina, tiene un efecto calmante, al igual que la serotonina, que es una sustancia química utilizada para tratar la depresión", señala Stephen, profesor de medicina preventiva de la Universidad de Stony Brook en Nueva Yotk.

¿Ser solidarios nos hace felices o somos solidarios porque somos felices? ¿Qué fue antes; el huevo o la gallina? Según sugieren algunos estudios, las personas con niveles más altos de felicidad, muestra un mayor sentimiento de responsabilidad por el mundo que heredarán generaciones futuras, se sienten más motivados para cambiar su entorno con el objetivo de mejorarlo y muestran un mayor nivel de implicación en incitativas altruistas.

La solidaridad es un valor que se puede definir como la toma de conciencia de las necesidades de los demás y el deseo de contribuir, de colaborar, para su satisfacción. Como el acto mediante el cual una persona realiza acciones en beneficio de otro sin recibir nada a cambio. Compartir tiempo con los demás, ocuparse de otros, no solo genera felicidad, sino que es bueno para la salud. Hay fuerte correlación entre el bienestar, la felicidad, salud y longevidad. Ayudar a los demás tiene recompensa, explica Elsa Punset, quien lideró un interesante estudio sobre el altruismo, *La Teoría de la Solidaridad*. El estudio se inició con un cuestionario en torno a una hipótesis: "Sentimos y somos capaces de ponernos en la piel de los demás", argumenta la experta, "tenemos una tendencia moral al altruismo y las preguntas que hicimos en el estudio confirman la hipótesis. Nacemos con la capacidad de querer ayudar al resto, aunque la recompensa no sea evidente. El altruismo es innato en los seres humanos, pero también es aprendido, por lo que podemos potenciarlo o ahogarlo", concluye la psicóloga especializada en gestión emocional.

Las investigaciones han demostrado que las personas que se ofrecen como voluntarias tienden a sentirse más felices y disfrutan de una autoestima más alta y saludable. La ciencia ha comprobado que los sentimientos de conexión social que acompañan al voluntariado —o la ayuda a los demás—, nos hacen sentir más positivos con nosotros mismos. Disminuye los síntomas de depresión y, además, reduce el estrés.

En lugar de pensar de manera constante en tus desgracias, en lo que te falta, en todo lo que nos sale como tenías previsto, cambia la mirada y dirígela hacia personas necesitadas. Escucha a quien lo necesita, acompaña, telefonea a ese familiar. Recuerda que ofrecer parte de tu tiempo a alguien es hacerle un regalo y, por supuesto, no olvides cuando alguien te dedique su tiempo.

Secretos de belleza

Una vez le preguntaron a Audrey Hepburn, icono de estilo amén de una estupenda actriz, cuáles eran sus secretos. La intérprete escribió una respuesta que ha quedado, para la historia, como el mejor manojo de consejos de belleza:

Para labios atractivos, hable con la voz de la calidez.

Para ojos adorables, mire lo bueno en la gente.

Para una figura delgada, comparta su alimento con el hambriento.

Para un cabello hermoso, deje que un niño o una niña deslice sus deditos por el, al menos una vez al día.

Para una buena estampa, camine con el convencimiento de que nunca camina sola.

Las personas, aún más que las cosas, necesitan ser restauradas, revividas, solicitadas y redimidas; nunca abandone a alguien.

Recuerde que, si usted necesita una mano amiga, la encontrará al final de sus propios brazos.

A medida que envejezca, descubrirá que tiene dos manos: una para ayudarte a sí misma y otra para ayudar a los demás. La belleza de una mujer no radica en la ropa que usa, la figura que posee o la manera en que peina su cabello.

La belleza de una mujer debe ser vista mirando a sus ojos, porque ellos son la puerta a su corazón, a su alma el lugar donde el amor reside. La belleza de una mujer no está en su cara, porque la verdadera belleza en una mujer se refleja en su alma.

Es el cuidado que amorosamente te brinda, y la pasión que ella te muestra.

La belleza de una mujer crece con el paso de los años.

⬇ INFORMACIÓN ADICIONAL

Por la compra de este libro, descárgate de forma gratuita: *Magnet Toques y retoques*, donde María José Bosch te da más consejos y trucos de belleza que ayuden a permanecer joven, ademas de facilitar sus direcciones favoritas.

http://elartedepermanecerjoven.guiaburros.com/contenidoadicional

www.ingramcontent.com/pod-product-compliance
Lightning Source LLC
Chambersburg PA
CBHW021008090426
42738CB00007B/699